君は
なぜ
働くのか

永松茂久

フォレスト出版

◉やりたいことが見つからない。
◉夢を持っている人をうらやましく思ってしまう。
◉今の仕事に充実感がない。
◉他の会社に転職するかどうか迷っている。
◉仕事の人間関係に悩んでいる。
◉いつかは起業して成功したいと考えている。
◉経営者をやっているが、ここから先の方向性に悩んでいる。
◉人から「すごい」と言われることを何か一つでもやりたい。
◉「また会いたい」と言われる魅力的な人になりたい。
◉好きな仕事をしながら生きていきたい。
◉働くことの意味を見つけたい。

——こんな思いを持っている人に向けて本書を贈る。

まえがき――「やりたいことがわからない」と、無駄に焦ってはいないか？

「あなたには夢がありますか？」

もし、今、そう聞かれたらあなたは何と答えるだろう？

この本はそう聞かれることに対して明確な答えを返すことができない人、もしくは、この質問をされることに抵抗がある人のために書いた。

「明確な夢を持ち、具体的な計画を立て、一歩一歩クリアしていけば、必ず実現する」

世の中には、この考え方がたった一つの正論のように浸透していて、それしか成功する方法はないかのように、多くの人が思い込んでいる。

しかし、初めに断言する。方法はこの一つだけではない。

たとえ今、明確な夢ややりたいことを持っていなかったとしても、あなたが今想像している未来をはるかに超える現実を手に入れる方法は存在する。

しかし、実際にそのことを伝える人は少ない。

だからこそ、この本は、僕自身の経験を通して、そのもう一つの方法を知ってもらうことにより、あなたが今の自分自身を否定することなく、もっと楽に、もっと楽しく理想の未来を実現してもらうために書いた。

もうちょっとシンプルに言おう。

世間一般に流れ漂う夢神話から、あなたを解き放つこと。

この本の目的は、この一点だけだ。

今、夢を持てない人が増えている。

やりたいことさえ見つければ、その方法を教えてくれる本やインターネットの情報は山のようにある。

昔のように身分差別でやりたいことをあきらめなければいけなかったり、「こうやって生きることが一般的だ」という昭和の価値観は大きく崩れた。

しかし、「どうやってそれを実現するか」の手前にある「そもそも、自分は何をしたいのか？」という問いの答えを持っていないから、多くの人が今を漂うように生きているのだ。

そんな状態で「夢を持て」という、ある意味での強迫観念に迫られて、無理やり自分のやりがいを探そうとしたり、人から笑われないために見せかけの夢を準備して、適当にその場をやり過ごそうとしてしまう……。

そんな不毛な時間を、この本を読むことで、もう終わりにしてほしいのだ。

やりたいことがわからない。明確な夢を持てない。

全然、大丈夫。

あなたの人生は、ここからバラ色に満ちたものとなる可能性を秘めている。

決してバカにしているわけじゃない。僕は本気でそう確信している。

同時に、自信を持って言い切る。

夢がなくてもうまくいく。

逆に、今の時点で中途半端に夢など持たないほうが、その可能性は高くなる。


正直、最初にこのことを師匠から教えてもらったとき、僕は半信半疑だった。

「そんなことでうまくいくはずがない。やっぱり、明確な夢を持たなければ……」

そう考えていた。

しかし、今となっては、師匠が教えてくれたこの人生の歩き方に、感謝でいっぱいになる。

なお、この理論に自信が持てるのは、僕がうまくいったからだけではない。飲食店の経営、執筆、講演を通して僕のまわりのスタッフたちがどんどんうまくいくようになったこと。

そして、そのメソッドを他の会社や、やりたいことのわからない人たちに伝えていったところ、彼らの人生がどんどん開けていったことが大きな確信の理由だ。

だからこそ、あなたにぜひシェアしたいと思い、筆を執った。

この本を読んでいただくことで、あなたが手にすることができるメリットを、思いつくままにいくつか挙げてみたい。

◉自分がなぜ働くのか、その意味が明確になる。
◉日常の仕事が今より数倍楽しくなる。
◉これまであなたがやってきたことに自信と確信が持てる。
◉「やりたいことを探さなければ」という不安から解放される。

◉まわりの意見に流されず、自分のペースで仕事を構築できるようになる。

◉チャンスが向こうからやってくるようになる。

◉努力することなく、あなたの魅力が上がる。

◉「また会いたい」と言われる人になる。

◉自分が本当にやりたかったことに気づくことができる。

◉「無理だ」と思っていたことが、実は実現可能だったことに気づく。

◉日本一の大実業家の仕事に対する考え方が身につく。


もちろん他にもあるが、大きくまとめるとこんなところだろうか。


ただし、このメリットを手に入れるためには条件がある。

それは、**あなたが今、何のために働いているのか、その意味を明確にする**ということだ。最初はその問いに対して明確に答えることができなくてもいい。

あなた自身を僕に重ねながら読んでもらうことで、あなたはこの講義を僕の隣で受けたことになる。

同時に、読み進めていくにつれ、あなたの中に僕の師匠の言葉が無理なく染み込んでいき、「なぜ働くのか」が明確になっていくことを約束する。

もう一つ付け加えておきたい。

「自分には明確な夢があり、そこに向かって突き進んでいる」

欲張りかもしれないが、そう答える人にもこの本を読んでほしい。

なぜなら、その夢に向かう道のりを支えてくれる大きなヒントが、この本にはあるからだ。

なぜ冒頭からそう自信を持って伝えることができるのか？

それは、夢を持っていようが、今の時点で夢が見つからなかろうが、それ以上に大切なものについて書いてあるからだ。

2005年、30歳のとき、ここから先の人生が見えなくなってしまったときに、僕はある大実業家と出会い、いろんなことを教えてもらうことができた。

まず一番初めの講義、それは「人間関係」についてだった。

この講義は、約18年近く経った今でも、僕の人生を大きく開いてくれた1日だったと確信している。


その教えの衝撃については、前著『君は誰と生きるか』という本に書かせてもらったので割愛させていただくが、今回の本に書く内容は、そのときの衝撃と同じ、いや、ひょっとすると、もっと大きなものだったかもしれない。


舞台は今から17年前、人間関係の講義から半年が経った2006年の春。

その日の講義のテーマは「働くということ」についてだった。

君はなぜ働くのか◎目次

第1章　夢がなくてもうまくいく

第4章 仕事がうまくいく人のルール

最終章 君はなぜ働くのか

装幀◎小口翔平、後藤 司（tobufune）
本文デザイン◎二神さやか
編集協力◎池田美智子
本文ＤＴＰ◎株式会社キャップス

プロローグ
――やりたいことがわからない？　良かったじゃないか。

君は誰と生きるか？――。

初めて師匠にこの問いをもらってからというもの、僕の人間関係、そして日常は大きく変わった。

身近な人を大切にする。

この考えを念頭に置き、忠実に守っていくと、僕のまわりの人たち、そして仕事が驚くほどうまくいくようになっていった。

あの教えが間違いなく、僕にとって大きな人生のターニングポイントだったことは間違いない。

２００５年、今から18年前に出会った人生の師匠からもらったその教えをベースに、人として、男として、そして何よりも一人の仕事人として、僕は新しい人生を歩き始めていた。

師匠のもとに通い、かけがえのない人生の教えをもらった中で、人間関係に続いてもう一つ、とても大きなテーマがある。

それは、「仕事に対する考え方」だった。

「君は誰と生きるか」、この講義から半年後、今から17年前の２００６年3月の講義で、僕はもう一つのターニングポイントと呼べる新しい問いをもらった。

ここからは、その一連の流れについてお伝えしていきたいと思う。

＊

「さて、人間関係もだいぶよくなったみたいだし、いよいよここからは本格的に仕事の話をしようかね」

「お願いします」

「最初に言っておくけど、このテーマは伝えるのに時間がかかるよ。君が身につける速度に合わせていきながらだから。それでもいいかい？」

「もちろんです。どれだけ時間がかかってもついていきます」

「私の仕事論を実際に身につけるのはきついよ」

「根性だけはありますので」

この時点では、この言葉の意味と重さをのちのち骨の髄まで叩き込まれることなど、つゆほども思っていない、のんきな僕がいた。

やっと受けることができる日本一の大商人の本気の仕事論。いよいよだ。僕は腹に力を入れて講義に臨んだ。

しかし、その気合いとは裏腹に、最初の質問ですでに僕の心は折れそうだった。

それは、何気なく師匠から聞かれたことが僕としては一番答えづらいことだったからだ。

「君はここからどうなりたい？　明確な夢とか、やりたいことはあるかい？」

きた、夢。
やりたいことの質問。

さて、なんて答えよう？
これまでの経験上、師匠には見せかけの嘘を言ったって、そんなものは通用しないことはよくわかっている。仕方ない、また怒られるか。僕は観念して言った。

「あの、師匠、怒られることはわかっているんですが、言っていいですか？」
「ん？　どうした？　怒らないから言ってみな」

「あの、僕、夢っていうか、その手前のやりたいこともよくわからないんです」

しばし一時の沈黙が流れた。たぶん一瞬だったとは思うが、僕にとってその沈黙は永遠に近かった。

「そうか……」

そう言った後、師匠は笑顔になった。そして、それまでになく大きな声で言った。

「そうかあ！　そりゃ良かったなあ！」

「はい……？」

「今の時点でやりたいことがわからないんだろ？　だったら、これから何でもできるじゃないか！　おめでとう！」

これまでも師匠にいろんな価値観をひっくり返されてはきたが、僕にとってこのリアクションと言葉が、それまでの中で一番衝撃だった。頭のまわりにクエスチョンが飛びまくっていた僕に、師匠はこう続けた。

「そうか、わからないか、良かった、良かった。それならたくさんのことを教えることができるな。ワクワクしてきたぞ。わはははははは」

「そ、そうなんですか!? 良かったです。あはははは」


なぜ目の前の大実業家は、こんなに喜んでいるのだろう?

その意味はまったくわからなかったが、師匠に合わせて僕も笑ってみた。

「実はね、夢がなくても、人って簡単に成功できるんだよ。いや、ないほうがかえって大きく育つと言ってもいい」

「ありがとうございます。なんか安心しました」

「さて、始めようか。夢が見つからないのはわかった。じゃあ、今回の講義の核になる、もう一つの質問をしよう」

師匠の講義はいつもシンプルな問いから始まる。
今回はどんなテーマが来るんだろう？
少しの不安と大きなワクワク感に包まれている僕に、師匠はこう聞いた。

「君は、なぜ働いてる？」

第1章

夢がなくてもうまくいく

アナタノユメハナンデスカ？

２００１年の3月に起業してからちょうど5年。

3坪の行商のたこ焼き屋からスタートした僕の事業は、「ダイニング陽《ひ》なた家《や》」という１５０席の大型レストランになり、スタッフの人数も増えた。おかげさまでお店は毎日お客さんで満席になり、一見順調だった。

しかしその忙しさと裏腹に、僕の心は乾いていた。

その理由は、ここから先、自分が何をやりたいのかがわからないこと、つまり、未来に対する明確な夢が見つからなかったことが大きな要因だった。

幼い頃からの夢だったたこ焼き屋になれたのはいいものの、そこから先をまったく考えていなかったその頃の僕は、すっかり夢を失ってしまっていた。

自分はどうなりたいのか？
自分のやりたいことは？
ここから先、事業をどうしたいのか？

そこがまったくわからないまま、とりあえず目の前にある仕事をしているという状態だったのだ。

正直、陽なた家だって、特にやりたくてやった店じゃなかった。

この店をつくったのは、九州のあちこちをまわり続ける行商生活に疲れ、「地元で働きたい」「このままじゃ続かない」というスタッフたちの悲痛な叫びに応えるために成り行きでつくった店だった。

「飲食で多店舗展開をする」という、当時、世間で合言葉のように叫ばれていた流行《はや》りの目標も、僕にはピンときていなかった。

追い詰められた焦りと若さゆえの勢いだけで、大きな借金をしてつくったため、僕の本音は「こんな大変なこと、いつまでもやってられないな」というどこかテンションの低いものだったのだ。

同時に、この頃の僕には「あなたの夢は何ですか？」という質問は、「アナタノユメハナンデスカ？」という聞いたことのない言語、いや、宇宙語に聞こえるようになっていた。

夢が持てないのって、そんなに悪いことですか？

そんなある日、地元大分県中津市の商工会議所が主催するセミナーのチラシが店に届いた。テーマは「夢の持ち方、描き方」。

ここに行けば、何か夢が見つかるかもしれない——。そう思いながらその講演に申し込んだ。

僕は講演やセミナーに参加するときに決めていることがある。

それは「前から3列目より前に座る」ということ、そしてもう一つは、「話がわかろうがわかるまいが、講師の話に対して笑顔でうなずきながらメモを取る」ということ。

特に中津のような地方のローカル都市で商売をやっている人たちは、基本的に講演に参加慣れをしていないため、前方の席の多くが空いている。そのセミナーでも案の定、前の席はガラガラだったので、僕は一番前に座り、メモを取りながら話を聞くことにした。


しかし、そのときの僕にとって、その講演内容は過酷なものだった。

「夢は具体的数値に落とし、誰もがイメージできるように明確なものにすること」

「何があってもあきらめてはいけない」

「やりたいことがわからないなど、経営者の資格はない」

本屋で買って読んだ本の中に毎度書いてあったうんざりする内容を、ただそのまま復唱されている、僕はそんな感覚になった。

「早く終わらないかな」

そう思っていたとき、その講師から質問された。

「はい、一番前の熱心な君、君の夢は何ですか？」

マジか。どうしよう。まあ、いっか、とりあえず思っている正直なことを答えてみよう。そう思って僕は言った。

「僕の夢は、スタッフたちと毎日笑顔で過ごすことです」

それは本音だった。未来のことはわからないが、そのときに本気で望んでいることを答えただけだった。すると、その講師はこう返してきた。

「はい、失格です。あなたみたいな人が会社やスタッフの未来を路頭に迷わせるのです」

会場に他の聴講生からの乾いた笑い声が響き、僕はさらに逃げ出したくなった。

結局、その講師につかまり補習授業みたいなものを受ける羽目となった。

そして、その補習で「何年で何店舗出店、年商何億」みたいな目標を無理やり書かされることになる。

それを見て満足そうな顔をしたその講師からもらった「さあ、これを持ち帰ってスタッフたちと共有しよう。それが君のやるべきことだ」という無駄に熱い課題に従って、その目標っぽいものを店に持ち帰ってさっそくスタッフたちに見せた。

すると、それを見た創業メンバーである実の弟から、「兄ちゃん、本当にこれ、やりたいの？　まったくワクワクしないんだけど」そうズバッと言われたことが拍車をかけ「自分はいったい何をやりたいのか？」がいよいよわからなくなってしまっていた。

そんな経緯から数年後、師匠から、ど真ん中の一番苦手なことを聞かれてしまったのだ。

「夢とかやりたいことがよくわからないんです……」
ダメ出しされることを覚悟の上で正直に答えた僕に返ってきた言葉。
それは、それまでに成功者と呼ばれる人たちがお題目のように発する「夢を持て」とはまったく真逆の言葉だった。

「やりたいことがわからない？　良かったじゃないか。それなら、ここから何だってできるぞ」

師匠の言う言葉、そして師匠のうれしそうな表情の意味が、僕にはまったく理解できなかった。

キンコンカンコン。
いずれにせよ、その言葉の意図をまったく理解できないまま、今回の講義が始まった。

仕事に必要なのは遠くの夢ではなく、今、ここ、目の前

「師匠、なんでやりたいことがわからないのが『良かった』なんですか？　普通はダメ出しされるんですけど」

怒られなかったことに安心したこともあり、僕は師匠に聞いてみた。師匠は普通のテンションに戻して話し始めた。

「私たちは働く人間だよね」

「はい」

「あのね、この夢ってものが特に必要なのは、例えばスポーツ選手などの勝ち負け

や順位が常に目の前にある人たちなんだよ。でも、私たちのような普通の仕事をする人って、毎日誰かと戦ってるわけじゃないし、毎日がコンテストじゃないよね」

「はい、そんな機会はめったにないですね」

「だろ？　それよりも来てくれたお客さんの接客をしたり、事務処理をしないといけなかったり、スタッフたちの給料のことを考えたり、部下と話したり、会議したり、いろんなことがあるよね」

「はい、毎日それに追われています」

「だから大切なのは、遠い未来のことより、今、目の前にある課題をいかにクリアしていくかなんだよ。正直、そんな遠い未来のことばかり毎日考えてるわけにはいかないよね」

「そう言われれば、そうですね」

「もちろん、遠い未来の夢とか、ビジョンを持つのも楽しいことかもしれない。でも、それよりも仕事において大切なのは、『今、ここ、目の前』なんだよ。そもそも人間の脳は一つしか集中できないようにできてる。ということは、本気で仕事と

向き合っていたら、そんなに夢ばかり語っている暇ってないんだよ」

「ですよね！　ホントにそうです！」

まるで大巨人を味方につけた弱っちい登場人物のように、僕は気が大きくなっていった。

「じゃあ、無理にやりたいことを見つけようとしなくていいんですね！　あー、安心しました」

さっきまでのビビりっぷりが嘘のように、僕は本音を言った。

「仕事においては、夢ややりたいことなんて、そんなに真剣に探さなくても大丈夫。ただ……、人が働き続けていく上で、実はもっと大切なものがある」

「大切なもの……」

「多くの人が働く上で、このことに気がついてないんだよ」

「それは何でしょうか？　ぜひ聞きたいです！」

「それを今から深めていこうね」

「5W1H」のうち、働く上で一番注目すべきもの

「働く上で夢より大切なものがある。君にはそれが何かわかるかい？」

「情熱ですか？」

「うーん、遠くはないけど、ちょっと違うな」

「では、段取り！」

「ちょっと正解から離れたね」

うーん、何だろう？

僕は考えてみたが、それっぽい答えが見つからなかった。

「答えはね、『なぜ』だよ」

「なぜ？　ですか？」

「そう、なぜが一番大事なんだよ。私にしちゃ珍しく英語なんかを使ってみるけどいいかい？」

師匠はほとんど英語を使わない。理由は「英語を知らない人がわかりにくいから」と「自分は日本人だから」だそうだ。

ただ、師匠自身が英語を知らないわけではない。師匠の本棚を見ると、英語が散りばめられたビジネス書や哲学書がたくさん並んでいる。知っていてもあえて使わないのが、相手と話す上での師匠のこだわりの一つだった。

「君は5W1Hって知っているかい？」

「はい、それくらいなら」

「じゃあ一つずついこう」

僕はメモをするためにノートを開き、「君はなぜ働くのか？」という師匠から最初にもらった問いを一番上に書いた。

「一つ目のWはホワット、つまり『何をやるのか？』ってことだね。そして2つ目がフェア、これは『どこに向かうのか？』って目標地点、この中に夢が入るよね」

「はい、そう言われるとよくわかります」

「次がフェン、これは『いつまでにやるのか？』。実は私はこの『いつ』は人間が決めないほうがいいと思っているんだけど、それは今言うと混乱するから、またあとから言おうね」

「はい、その意味もぜひ教えてください」

「うん、わかった。そしてフーが『誰に向けてやるのか』『誰とやるのか』。これが、君が初めて来たときに話した『君は誰と生きるか？』って聞いた部分だな」

言葉の一つひとつを暗記するくらい、この数カ月間、「君だれ講座」を聞いてきたので、なんかうれしくなる僕がいた。

「Wの最後であるホワイ、つまり『なぜやるのか』、そして、最後のHがハウ、『どのようにやるのか』ってことになるよね」

こんがらがりそうになったので、僕は聞きながらノートにメモをした。

「実はね、人を動かす根源になるもの、それはこの『なぜ』の部分なんだよ」

「なぜ……。あまり深く考えたことがありませんでした」

「そうか。君の迷いはそのせいかもしれない。でもね、『なぜ』が見えてくると、霧が晴れるみたいにその悩みは解決していくよ。もう少し深く説明していくからね」

モチベーションの正体

「優秀な先生や経営者、各部署のリーダーってね、自分が意識しているかどうかは

別として、みんな『なぜ』を一番に伝え、一番に考えさせているんだ。だから、下の立場の人間が命令されることなく、自発的に動くんだよ」

「指導するときも『なぜ』を大切すればいいってことですか？」

「そう。じゃあ質問だ。『なぜ』の対《つい》には何がある？」

「答えです」

「惜しい。もうちょっと考えてみようか」

なぜの対にあるもの？　なぜやるのかの答えにあるもの？　なぜに対して出てくるもの……？　あ！

「意味ですか？」

「そのとおりだ。よくわかったね。人間が根源で求めている一番大きなもの、それは意味なんだよ。『なぜそれをやるのか？』　人はこの問いに対してみんな無意識に意味を求めているんだよ」

「深い。深すぎます」

「シンプルに考えるとそうじゃないかい？　だってね、**人って夢をなくしても生きてはいけるんだよ。でも、自分の存在意義、つまり、生きる意味をなくしちゃうと、自分の命を絶ったりしてしまうことだってある。**人間にとって意味ってのは、それぐらい強烈なものなんだよ」

「なるほど、確かに言われれば、そうかもしれません。今までまったく気づいていませんでしたけど」

「だからね、仕事をする上で一番大切なもの。それは『なぜ』。ここからすべてが始まるんだよ」

なぜ働くのか？
なぜこの仕事をやっているのか？
もっと大きく言えば、そもそもなぜ自分たちの会社は存在するのか？
そう言われれば、無意識に僕はいつも自分にそう問い続けている。

「大切なところだから繰り返すけどね、人が動くためのモチベーションの正体、それはこの『なぜ』なんだよ。ここが見えると、人は夢があろうがなかろうが、勝手に前に進むし、今目の前にあることに対して意味が見えれば、途端にやる気になる」

「モチベーションの正体が『なぜ』。それは考えたことがなかったです」

「そうか。じゃあ考えてみよう。さっき言った5W1Hな。あれはひと言でまとめるとどうなる？」

「ひと言ですか？」

「そう。馴染みがないと思うから、簡単に言おうね」

「お願いします」

「**『何を、なぜ、いつ（いつまでに）、誰と（誰に向けて）、どのようにやって、最終的にどこに辿り着くのか？』**ということ。ちょっと無理があるかな？」

「いえ、まだちょっと慣れてないので」

なるほど、ひと言とはそういうことなのか。

「もうちょっとしっかり説明しようね」

僕たちが無意識に一番使っている言葉

「例えば、君が信頼している人が、何らかの形で君を失望させたとしよう。そんな経験はないかい？」

「ないと言えば、嘘になります」

ありがたいことに、たくさん思い当たるということはないが、これまでにそんなことが起きたことはある。そのときのことを思い出してみた。

「そのとき、君はその人にどう聞く？」

「と言われますと？」

「並べてみようね。聞くことはこうだ。『何をしたの？』『いつやったの？』『なんでそんなことをしたの？』『誰と（誰のために）やったの？』『どんなふうにやったの？』『それをやってどうなりたかったの？』。さあ、この中でどの質問をした？」

「えっと、この言葉の中で選ぶとしたら、『なんでそんなことをしたの？』だと思います」

「だよね。『なんで？』『何のために？』、つまり『なぜ』。実は人が無意識に質問する言葉で言うと、これが一番多くないかい？」

確かに親が子供を注意するときも、「なんでこんなことをしたの？」と聞く。

面接官が入社希望の人に一番初めに聞くのも「なんでこの会社を志望したのか」という部分だ。

部下が思いどおりに動いてくれないとき、上司は「なんで伝わらないんだろう？」と、まずはその意味を探そうとする。

恋愛においてもそうかもしれない。例えば誰かに告白されたとき、真っ先に頭の中に浮かんでくるのは、「なんでこの人は自分を好きになったんだろう?」という疑問だ。

旦那さんが携帯を見ながら話を聞いていると、奥さんはこう聞くだろう。「なんでいつも私の話を聞いてくれないの?」

子供は、自分が疑問を持ったことに対して「なんで?」とまわりの人に聞く。

そう考えたとき、人はいつも無意識のうちに意味を求めている。

相手に質問するときに使うその数の多さを考えると、「5W1Hの中で、『なぜ』が一番大きなモチベーションになる」という師匠の言葉があらためて理解できる。

「振り返ると、僕自身、ふだん無意識に『なぜ』を一番使っています。自分も意味が見えると、俄然《がぜん》やる気が出てきます」

「そういうこと。そしてね、自分は何をやるのか、誰と生きるのか、どのようにやるのかってことは、この『なぜ』の部分が明確になっていないと簡単にダメになっちゃうんだ」

「『なぜ』がモチベーションの正体……」

「そう。じゃあ、そこを理解した上であらためて考えてみよう。君は今、なぜ働いているんだい？」


なぜ働くのか？

この問いの答えを見つけるまで、僕はすごく時間がかかった。

ひょっとしたら今読んでくださっているあなたにも、すぐには答えが出ないかもしれない。しかし、ぼんやりとでもその意味が見えたとき、あなたの働き方は必ず変わってくる。

今の時点で明確な夢がなくても、意味さえ見えれば、人は必ず動き始めるのだ。


もし今、「なんで働いているんですか？」「何のために働いているんですか？」と人から聞かれたら、あなたは何と答えるだろうか？

第2章

働く意味の見つけ方

僕らはみんな商人である

「私たちは商人だよね？」

「商人ですか？　はい、そう言われればそうなんですけど、あまりその言葉を使ったことはないです」

「そうか。最近の若い人たちの間では『ビジネス』っていう言葉が流行ってるみたいだけど、私はビジネスマンより商人って言葉のほうが好きだし、自分が商人であることに誇りを持っている。最初はちょっと馴染《なじ》まないかもしれないけど、商人って言葉を使っていいかい？」

「はい、僕もその言葉を使うように意識します」

「そうか、ありがとうよ」

師匠はそう言ってニコッと笑った。

「君は、人が社会に出るってことはどんなことだと思う？」

「えっと、単純に考えると自立すること。お金を稼いで自分で生活できるようになるってことですかね」

僕は自分の考えたとおりに言ってみた。

「そうだよね。そのとおりだ」

少し安心した僕に師匠は続けた。

「あのね、そう考えたとき、社会人ってのは、言わばみんな商人なんだよ」

「そうなんですか？　えっと、経営者なら商人ってハマるんですが、サラリーマンとか主婦、学校の先生とかは商人って言い回しが少し合わないような気がするんですが……」

「だよね。自分は商人じゃないと思っている人が多い。これは、君が言うとおり、サラリーマンや主婦なんかに特に多いよね」

「はい、ほとんどの人がそう思っているんじゃないでしょうか」

「でも、みんなお金をもらってるよね？　これは一つの考え方だと思って聞いてくれな」

「はい」

「サラリーマンという商人の商売相手は会社。自分の能力や労働力という商品を会社というお客さんに買ってもらって、給料っていう形で儲《もう》けをもらってるの。主婦の場合は、旦那と一緒に家庭というお店を共同で経営していると考えることができるよね」

「そう考えると、理解できます」

「親の扶養を外れて社会に出るってことは、みんな商人ということになる。つまり、すべての社会人は、わかりやすく会社を経営しているとか、店を持っているという人たち以外の人たちも含めて商人なんだよ。一人ひとりが自分商店の店主ってことになる」

自分商店。つまり、すべての人は何かを売っている商人である。それは僕にとって、とても新しい考え方だった。

「たこ焼き屋でも居酒屋でも、そば屋でもなんでもね。サラリーマンだって、警察官だって、学校の先生だって、家庭の主婦でも、そのことさえわかれば成功するんだよ」

「なるほど。そう考えると、一人ひとり、商人としてどれだけ利益が出ているかは大きな差がつきますね」

「そのとおり。人はみんな自分の何かを売って生きているんだよ。サラリーマンは、自分の職務能力を売っているし、警察官は安全を、先生は知識を売っている。家庭の主婦が売っているのは、家族のやすらぎだよね」

「やすらぎを売る……ですか。主婦も商人っておもしろいです」

「この考えに当てはめたとき、この世の中に商人じゃない人なんか、ただの一人もいない。弁護士だって、医者だって、国会議員だって、みんな商人で、みんな何かを売ってるの。

それってどういうことかというと、それぞれに『お客さんがいる』ということ。目の前に人がいるから売れるんだよ。いなければ、どんなすごいものだって売れないだろ。だから、人様に気を使い、目の前にいる人に喜んでもらうことが成功の秘訣なの。難しくない。簡単なんだよ」

本当の意味で、好きなことを仕事にできる人が少ない理由

「あの、師匠、聞いてもいいですか？」

「もちろんだよ。途中で疑問やわからないことがあったら、その都度どんどん聞いていいよ」

「ありがとうございます。えっと、最近『好きなことを仕事にしよう』って言葉が

流行っててよく耳にするんですけど、師匠はそのことについてどう思われますか？」

「好きなことを仕事に、か。それはとても幸せなことだね」

「でも、そうできる人は少ない気がするんですが……」

「少なくて当たり前だよ。そもそも働くっていうことの理屈に、その言葉が合ってないから」

「そうなんですか？　でも、世の中には好きなことを仕事にできている人もたまにいますが……」

「それは運が良かったからだよ。本来、初めから好きなことを仕事にできる人はほとんどいない。順番が違うんだよ」

「順番？」

「そう。**まず目指すべきは、今の仕事を好きになること。その次が、仕事に好かれる人になること。それができるようになったとき、初めて好きなことを仕事にできるようになる。**いきなり自分が好きなことをするんじゃないんだよ。仕事を好きになる、そして、仕事から好かれる自分になることが一番最初にやるべきことなんだ」

「ちょっとわからないです」

「だろうね。私は変わったことを言うからね。もうちょっと詳しく説明しようね」

「お願いします」

そもそも「仕事」って何だろう？

師匠は、ちょこっとお茶を飲んだあと、僕に質問をした。

「働くって、どんな言葉からできていると思う？」

「え？　働くって何かが組み合わさった言葉なんですか？」

「語源がどうかは定かじゃないけど、働くってね、私は『はたを楽にすること』だって思っているんだよ。まわりの人、その商品を使う人が楽になること、それが

『働く』の意味」

「はたが楽になる。なるほど」

「はたを楽にすることが『働く』で、仕事は漢字を見れば、『お仕えごと』って意味だよね。まわりの人に仕え、まわりの人を楽にする。ということは、自分がその仕事を好きかどうかより、頼まれたこと、人が楽になることをやることが仕事の始まりだよね」

「はい、そのほうが理屈に合っている気がします」

「だからまず大切なのは、やりたいことより求められること。仕事においては自分より相手を先に置かないと、うまくいかないよ。『好きなことを仕事に』って、一見聞き心地がいいけど、それってたまたま求められていることと自分の好きなことがガチッと一致しない限り成り立たない。だから、好きなことを仕事にできている人って運がいいって言ったんだよ」

「そうなんですね」

「もう一回言うよ。まずは『自分が仕事を好きになること』。次が『仕事に好かれる自分になること』。この順番だよ」
「では、仕事を好きになるって、具体的にはどうしたらできるんでしょうか？」
「まずは今、目の前にある仕事をとことん突き詰めてみることだね。仕事って不思議なもんでね、それがどんな職種であったとしても、真剣にやればやるほどおもしろくなってくるっていう特性を持っているんだよ。だいたいにおいて『仕事が好きになれない』ってのは、その仕事を一生懸命やったことがない人から出てくる言葉なんだよ。仕事の魅力は、一生懸命やったあとにしかわからないようになっている」

シンプルな言葉だが、この教えは深く心に残った。自分に当てはめて振り返ってみたとき、その仕事がおもしろくないと思うときは、必ずと言っていいほど真剣にやっていないときだった。

師匠は付け加えて言った。

「仕事を一生懸命やると、必ずそのおもしろさが見えてくる。そうなったとき、自然と人からの頼まれごとが増えてくる。これが仕事に好かれるってこと。そうなったとき、人は初めて自分の好きなことをやってもうまくいくようになる。この順番をしっかり覚えておくといいよ」

「はい、ありがとうございます」

このときはこの言葉の深さがよくわかっていなかったが、いろいろな経験を経て、17年経った今、仕事というものの本質が、以前よりよく理解できるようになった。あらためてこの教えをしみじみ噛《か》み締めながら、今、僕はこの本を書いている。

なぜ自分を犠牲にしてはいけないのか？

「よくわかりました。自分を犠牲にしてでも、まずはとことんやってみます」

「ちょっと待った。私はそういうことを言っているんじゃない。それは絶対にやっちゃダメだ」

とりあえず目の前のことをやる。その話を聞いて答えた僕に、師匠は真面目《まじめ》な顔になった。

「自分を犠牲にして働いちゃダメだよ。そんな極端なことをしたら絶対に続かないから。大切なことだから、ちゃんと話すね」

「はい、お願いします」

「あのね、この話をすると、君みたいに自分を押さえ込んででも仕事に尽くそうとする人が出てくる。これは、自分の幸せが先か、他人の幸せが先かっていう『どっちか論』で考えるのが原因なんだ。でもそうじゃないんだよ」

僕は極端かつ単純な性格なので、いつも師匠の言う「どっちが先か」にこだわってしまう癖がある。そこを師匠が間違えないように、こう教えてくれた。

「あのね、自分と人、どっちが先かじゃなくて、表か裏かで考えたらいい」

「表か裏か、ですか？」

「うん、そのノートを貸してみな。一枚破ってもいいかい？」

「もちろんです」

ビリッとノートの最後のページを破って、師匠はその紙の片方に「表」、逆側に「裏」と書いて僕の前に出した。

「この紙の表を人としよう、そして裏が自分な」

「はい」

「仕事っていうのは、まず人の役に立つことって言ったよね。その場合、表を向けることになる」

「それはわかります」

「人の役に立つ、これが結果として自分のためになることじゃないと、この紙は成立しないことになる。わかるかい？」

「ちょっと難しいです」

「そうか、わかった。じゃあ、この紙に裏の面がなかったらどうなる？」

「裏がないということは、表もないってことになります」

「だよね、君が言っているのは、そういうことなんだ。この裏、つまり、自分が幸せになるってことを忘れると、ただ自分を犠牲にしてでも人のためにがんばったりしすぎる。結果として自分自身が苦しくなって、投げ出してしまう。そうなると、お客さんを永遠に喜ばせ続けることができなくなるよね」

「わかります。でも、『お仕えごと』ってそういう意味じゃないんですか？」

「そうじゃない。君も幸せになることが大事なんだよ」

「それって、自分のことを優先するってこととは……」

「まったく違う。いいかい、よく聞きなよ。学生まではまわりがなんとかしてくれる。でも、**社会に出るってことは、人の役に立つってことが課題になる。この紙で言えば、人を表にするほうが、社会ではスムーズにいく。**例えばね、君の会社に新入社員が入ってきて、『まずは給料をいっぱいください。そうすれば私はがんばります』って言われたらどう？」

「それはちょっと厳しいです。たとえそうできたとしても、『まずはがんばってから言えよ』ってなると思います」

「そうだろ？　だから、社会に出て『まずは自分を幸せにしてください』っていう考え方は、未熟な子供の考え方だって思われて、結果的に損するんだよ。そうじゃなくて、まずは仕事のルールに則《のっと》って『人の役に立ちます』って姿勢を表にするの。でもね、もしその人ががんばっても、どれだけ人の役に立っても、まったく認められず、給料もまったく上がらなかったらどうなる？」

「それはちょっとかわいそうな気がします」

「だろ？　そんなときは転職するなり、自分で起業するなり、方向性を変えたほうがいい。やったことがまったく自分に返ってこないのに、いつまで経っても滅私奉公をしたら、それこそ自己犠牲になる。それをやったらダメだってことなんだよ。正当にやっている人は、正当に認められないといけない」

「確かに、それはそうですね」

「だからね、この紙と同じなんだよ。社会に出たら、まずは人様に喜ばれることをする。それを正当に評価されたとき、人からたくさんの感謝をもらえたり、成長したり、出世して給料が上がったり、経営者なら会社が繁栄する。つまり、喜びがセットでついてくるんだよ。そして、それをしっかりと考えることは悪いことじゃない。必要なことなんだ」

「自分のことを考えてはいけないんじゃないんですね」

「そう。ちゃんと考えないといけない。ここは覚えておくんだよ。**自分のことを考えるのがダメなんじゃない。自分のこと『だけ』を考えることがダメなんだよ**」

「自分を犠牲にせず、がんばります」

「そう。人の幸せを表に置く、ただその姿勢を身につければいい。すべての仕事ってね、誰かの役に立つ使命を持っているんだよ。役に立ってない仕事や会社は必要とされなくなって、やがてなくなる」

言われてみれば、そのとおりだ。必要としてくれる人がいるからこそ、お店も会社も仕事も成り立つ。そうでなければ、やがてなくなる。「仕事と需要も、紙の表と裏のようなものだ」と思いながら、僕は話を聞いていた。

「その仕事が存在し続けてるってことは、必ずそこに求めるお客さんがいるってことなんだ。結局、『フォーユー』っていうのが仕事の基本。そのフォーユーを積み重ねた人のもとに収入が集まって、結果的にはフォーミー、つまり、自分が豊かになる」

達人になると、一枚の紙でこんな話ができるようになるんだ——。

僕は感動していた。

「いいかい、人の幸せと自分の幸せは表と裏。どっちが大事なんじゃなくて、どっちも大事なんだよ。だから、自分を犠牲にしちゃダメだよ、わかったかい?」

「はい、ありがとうございます」

仕事の意味の見つけ方

「どうだった？　ここまでなぜ働くのかについて伝えたけど、難しかったかい？」

ちょっと休憩をしながら雑談を挟んだあと、師匠が僕にこう聞いた。

「わかりやすかったです。働くことについてこんなに話してもらったことはなかったので。ただ、完全にはまだ理解はできていないと思います」

「そうだろうね。でも、それでいいんだよ。いずれ私の言っていることがわかってくるから」

「精進します」

師匠はゆっくりとうなずいて続けた。

「ただ、このことは若い子たちに伝えても、簡単には理解できないかもなあ。特に若ければ若いほど、なおさらね」

「そんな場合、どう伝えればいいんでしょうか？　いずれ若い子に聞かれたときのために教えてもらってもいいですか？」

「そうだね。仕事ってのはね、本当にいろんな種類がある。いきなりやりがいのある仕事につける機会なんてめったにないから、心が折れそうになることだってあると思うんだ」

「たくさんの人たちが、今そんな状態にいるんじゃないでしょうか」

「うん、おそらくね。ただ**その打開策はね、『とにかく今いる場所で仕事を楽しむ力を身につけること』**なんだ」

「仕事を楽しむ力を身につける……」

「そう、だってほとんどの場合、入って間もない頃の仕事って、おもしろくないものだよ。入ったばかりの人にいきなり大きなやりがいのある仕事を任せるのは、上司からしても勇気がいるからね。だから、数年間は下積みさせられるんだよ」

「なるほど。うちの飲食店でも、まずは洗い場からスタートです。そこで多くの人がモチベーションダウンするんです」


この本の冒頭にも書いたが、2006年当時、僕は150席の飲食店「陽なた家」という店を経営していた。

大きな店なので、厨房、ホール共にいろんな係がある。その中で、新人が一番初めに入る場所、それは洗い場と決まっていた。すぐに辞めてしまう人が多く、どうしたらいいのかを師匠に聞くと、こんな話をしてくれた。


「関西の阪急グループの創始者の小林一三さんって人の言葉を知っているかい？」

「いえ、知らないです。すみません」

「だいぶ前の人だからね。その小林さんがいつも言っていたらしい。『下足番を任せられたら、日本一の下足番になれ。そうすれば、君はいつまでも下足番をさせられることはないだろう』って」

「それくらいの気構えでいると、抜擢《ばってき》されるということですか？」

「勘がいいね、そのとおりだ。どうせやるなら、そのポジションで誰にも負けない、つまり日本一を目指してやるってことだな。**『どうすれば誰にも負けない日本一の洗い場担当になるか？』『日本一の洗い場担当だったら、どんなことをやるのか？』って常に自分に問いかけながら仕事をするんだよ。**そうすれば、いろんな工夫や改善点が見えてくる。そうして知恵を出しながらやっていると、上の立場の人はその人をどう見る？」

「おそらく他の人と比べて圧倒的な光と可能性を感じると思います」

「君が上の人ならどうする？」

「その人にもっと大きな仕事を任せます」

「だよね。それが『意味の力』なんだよ。『日本一の洗い場担当になるために』、この意味を持てるかどうかで仕事への向き合い方はまったく変わる」

「なるほど、そうかもしれません」

「もう一つ、私の好きな話があってね。これは松下幸之助さんの話なんだけど、知ってるよね」

「もちろんです。昭和ナンバーワンの大経営者ですから」

「ある日、松下さんが工場を見て回っていたときに、おもしろくなさそうに電球を磨いていた若者がいたらしい。松下さんはその彼にこう聞いた。

『仕事はおもしろくないか？』ってね。その若者は『はい。何のためにこんなことをやらされているのかがわかりません』って答えた。すると、松下さんは何と言ったと思う？」

うーん、なんて言ったんだろう？　いくら僕も経営者と言えども、相手が偉大すぎて、答えがまったく見つからなかった。

「松下さんはこう言ったらしい。『それは、君が電球を磨くっていう作業ばかりにフォーカスしているからや。そうやなくて、もうちょっと向こうを考えてみ。**この電球があるから、家族が楽しく過ごすことができる。この電球があるから、人が本**

を読むことができる。この電球があるから、世の中の人々が暗闇に怯《おび》えることなく楽しく過ごすことができる。そう考えたとき、君が磨いているのは電球やない。人々の幸せを磨いているんや』って」

「師匠……」

「うん？　どうした？」

「僕、感動しちゃいました。傍《はた》から聞いていても、働く意味がわかるとモチベーションが変わります」

「だよな、私も大好きな話なんだよ」

「仕事を楽しむ力」を身につければすべてうまくいく

「繰り返しになるけどね、どんな会社でも入社したての頃って、あまりおもしろい仕事をさせてくれないんだよ。でも、そこでふてくされて辞めるか、おもしろくない中で自分なりの意味を見つけて働くかで、その子の人生は大きく変わるよ」

結果として、この教えは、陽なた家の新人たちの意識を大きく変えた。それまでは「まずは洗い場から。それが新入りの仕事ってうちでは決まっているから」と深く意味を伝えずに「とりあえず一生懸命やれよ」という荒っぽいやり方だった。

しかし、この講義を受けてからというもの、初めて洗い場に入る人に、店長たちが洗い場の意味を伝えるようになった。そして、そのとき洗い場を一生懸命やれた子たちが、今、のれんわけ店や独立店のオーナーとしてがんばっている。

「どんな状況でも、そこを嘆いたりふてくされたりしていたら、いつまで経っても人は成長できないよ。でも、逆に今いる場所で意味を見つけて楽しむ力を身につけることができれば、その人はここから先、どんな仕事に就いたってうまくいくよ」

師匠の言うこの言葉は、本当に真理だと思う。

「人ってね、いろんな楽しみがあるけど、その中で一番大きなものは自分の成長なんだよ。昨日までできなかったことが今日できるようになる。このことに大きな喜びを感じるようにインプットされているんだよ」

できないことができるようになる。それは仕事だけでなく、趣味や学びごと、どんなことにおいても楽しいものだ。

「だから、今、将来に夢が見えなくても、やりたいことがわからなくても、大丈夫。そんなときは『なぜ』、つまり、自分がやっていることの意味を見つけて、今、目の前に集中すればいい。遠い先のことばかり語って悦に入る暇があるなら、目の前にあることに集中するんだよ。これができる人は、やがて夢ばかり語っている人に勝つ日が必ず来る」

「できなかったことができるようになること」が成長。

目の前にある課題や壁を超えるワクワク感の虜《とりこ》になれるかどうか。

ひょっとしたら、これこそが夢を持つことを超えた最高の成功のルールなんじゃないかと、今しみじみ感じている。

第3章

道が開ける一問一答会

「たくさんの質問を集める」という使命

「君は誰と生きるか？」

前作に書いたこの講義は、１日で終わった。

しかし、今回、本書のテーマになっている「君はなぜ働くのか？」という講義は、足掛け５年にわたって行なわれたものだ。

その理由と経緯はのちに詳しく書くが、僕は師匠にその都度課題を渡され、それを実行した。その課題をクリアするまで、師匠に会いに行くことができない。つまりは、「実践なくして、次には進めない」という掟《おきて》があったのだ。

当然結果を出せないときは、数カ月、長ければ年単位でその間隔が空くこともあった。

課題をクリアするためにやるべきことをやる、ということと同時に、僕がもう一つやっていたことがあった。それは、

「仲間やお客さんの悩みを集めて、師匠に持っていく」

ということ。

講義の合間や終わったあと、それらの悩みの数々を、僕が代わりに師匠に質問する。そして、師匠が答えてくれた音源をその人たちに渡す、という伝書鳩のようなことをしていた。

その企画は、こんな会話から始まった。

「心の癖」という厄介なもの

「そもそも人って、なんで失敗するんだと思う？」

「やり方が間違っているからですかね」

「やり方もそうなんだけど、もう一つ、その手前があるんだよ。それはね、考え方」

「あ、そう言われれば、確かにそうですね」

「人って心で動くよね。その心の癖が考え方になる。その考え方を頼りに、人は自分の価値観で動くんだけど、これがなかなか厄介でなあ」

「厄介なんですか？」

「うん、間違っているときはね。でもね、人ってなかなか変われないんだよ。それまでその考え方で生きてくると、思考回路が固まっちゃうの」

「僕もそうなりがちです」

「ほんとはね、**その考え方が間違ってるんなら、変えればいいだけなんだよ。つまり、頭の中の古い考え方を捨てて、新しい考え方を取り入れればいい**んだ」

素直さと柔軟性を持っていますか？

師匠は言う。

仕事をしてもうまくいかないときは、そもそもの考え方を間違えているだけ。うまくいかないときはそう考えて、まずは考え方を変えてみればいい。

それを変えようとしない人は、自分の過ちを認めたくないだけ。

そして、実力がない人ほど、頑固でプライドが高いという特徴がある、と。

「もしもっと豊かになりたいのなら、まずはそのうまくいっていない考え方を捨ててみればいい。柔軟に考えながら真剣に取り組めば、やがてうまくいく。例えば、算数の問題で『1＋1＝3』と書いたらどうなる？」

「×をつけられます」

「だよね。だったら『1＋1＝2』と書けばいいだけ。それを『3』って書き続けながら正解をもらおうとしているから、いつまで経っても次に進めない。苦労の原因はその考え方にあるんだよ。うまくいかない人に苦労が続くのは、そのせい。ちょっとだけ考え方を変えればいいだけなんだよ。じゃないと、いつまで経っても今のままだよ。そしてそれは、自分が気づくまでずっと続く。それじゃあ苦しくないか？」

「確かにきついですが、考え方を変える、それが難しいんですよね」

「難しくないよ。『考え方を変えるのは簡単』。そう思えばいい。それも考え方だからね」

「どうすれば、そう考えることができるんでしょうか？」

「素直さと柔軟性だな。この二つを持ち合わせている人は大きく伸びる」

素直さと柔軟性。ここもメモポイントだ。僕はこの二つの言葉をノートに大きめに書いた。

「これさえあれば、『そんな考え方があるんだ、すぐにやってみよう』ってなるんだけど、多くの人は新しい考え方を取り入れるのは、それまでの価値観を否定するように感じちゃうんだろうね。変えれば、すぐ楽になるのに。人生は、考え方一つだけで大きく変わるよ」

仕事においての一問一答プロジェクト

何気ない会話だが、師匠の言葉はどれも聞き逃せないほどいつも深い。それは、僕だけでなく、他の人も必ず幸せにするという確信があった。

本当はたくさんの人を連れて学びに行きたかったのだが、それは無理がある。だから、僕から師匠にお願いをして一問一答形式の音声をいただけるようになった。

師匠はふだん、ほとんど人に会わない。だから人がどんなことに悩んでいるのかを知ることができない。

「君がたくさんの質問を持って来てくれるから、若い人たちがどんなことで悩んでいるかを知ることができる」

と、この企画はとても重宝された。

そして当たり前だが、質問をした側は、ふだんは本でしか会うことができない納税日本一の大実業家が自分の悩みに対して直接答えてくれるというスペシャル企画なので、喜ばないはずはない。

中にはその音声を何度も何度も繰り返し聞くことで大きく道が開けた人もたくさん目にしてきた。

この本ではそのときの音声資料をもとにして、「なぜ働くのか」に合う項目をピックアップしたいと思う。

就職活動でそんなに悩む必要はない

「今回はどんな質問が集まった？」

この企画が始まると、心なしかいつも師匠は楽しそうだった。

「はい、まずいきます」


【質問】

僕は今、学生で就職活動の真っ最中です。おかげさまでいくつか内定はいただくことができましたが、本当に自分が行きたいところは競争率が高く、なかなか難しそうです。就職活動についてアドバイスをいただければと思います。よろしくお願いいたします。

「就職活動か。大変だよな。エントリーシートを書いてリクルートスーツを着て企業を回って。君も就職活動をしたのかい？」

「いえ……」

実は、僕は就職活動をしたことがない。

学生時代、たこ焼きの修行をしながらフラフラしていた僕を心配していた人からたまたま紹介された出版社の社長に拾われ、バイトからそのまま就職が決まってしまった。

その社長との30分の面接で仕事が決まったから、就職活動歴も同じくわずか30分。経験はほぼゼロに等しいのでアドバイスしようにもネタがなかったのだ。

師匠も若い頃に業を起こした人なので、僕と同じく就職活動はしていない。

しかし、その洞察、アドバイスは、隣で聞いていた僕自身も目から鱗《うろこ》がボロボロ落ちるすごいものだった。

世の中には自分がやったことがなくても、本質を捉えることができる天才がいる。このことをこの一問一答プロジェクトを通して、身をもって知ることができた。

「はい、じゃあいこうね」

「お願いします」

「就職活動って大変だと思う。まあ、私は世の中と違うことを言うから『あ、こんな考え方もあるんだな』という程度で聞いてください」

師匠はこうして僕に向かって話しながら、音声を吹き込む。僕はもっぱらうなずき役と疑問点を聞く係だ。

「もしすでに内定が決まっているところがあるなら、そこに行けばいいと思います。自分が行きたいところに無理やり頭を下げて入れてもらおうとするより、すでに内定をくれた会社は、あなたの魅力を理解してくれたってことだから」

なるほど。そういう考え方なのか。

「あとね、学生さんが覚えておくと役に立つことなんだけどね、仕事って自分が志願しているように思うんだけど、実は仕事から呼ばれているんだよね」

きた。規格外の考え方。すかさず僕が代わりに質問。

「師匠、仕事って呼ばれるんですか？」

「そうなんだよ。仕事から呼ばれるの。一見、自分が選んでいるみたいだけどね」

自分が選ぶんじゃなくて、仕事から呼ばれる。新しい。

「あのね、たぶんこの質問をくれたあなたは、どの会社に入っても、それなりに苦労すると思うんだよ。最近の学生は休みとか福利厚生が手厚いかっていうのを判断するってよく聞くけど、あまりそこは基準に考えないほうがいいよ。いくらそれが学生に優しかったとしても、仕事が厳しいのはどこも変わらないから」

師匠はＩＣレコーダーに向けてこう話した。

「大切なのは、どんな会社に入るかじゃなくて、あなた自身がなぜ働くか、どう働くかのほうが大切です。どこに入るかで悩むより、入った会社での働き方を考えたほうがうまくいきます」

若い人が仕事力を伸ばすために おすすめの会社

「師匠、就職するのにおすすめの会社ってありますか？」

「あるよ。それも言っとこうね。**私が一番おすすめするのは『なんでもやらされる小さな会社』**」

「小さな会社？」

「そう。もしこの質問をくれた人が自分の成長を大切にしたいなら、福利厚生の整った大会社より、まだ創業歴の浅い小さい会社のほうがいいよ。大会社は部署制だから、その部署に特化した仕事をさせられる。でもね、小さくてここからの会社は人数も少ないから、そんなに悠長なことは言ってられない。必要ならゴミ出し、お茶出し、コピー取り、掃除って雑用があるかと思えば、企画立案、営業、たくさんのことをやらされる。その分、成長できる」

なるほど。そうかもしれない。

「結論を言います。仕事は何をやっても、自分の心がけ次第でたくさんのことを学べるよ。そこで『仕事を楽しむ力』を磨いてください。以上です」

仕事を楽しむ力。このことは先ほど書いたように僕は何度も聞いていたので、先に知っていたことがとても誇らしかった。

この質問者は、内定をくれていた小さなベンチャー企業に就職し、今は独立してその会社をしのぐ業績を出している。一緒にご飯を食べるたびに、「あのときの言葉が今の自分をつくってくれた」と常々言っている。

与えられた役割にどう向き合うか？

「では次の質問にいきます」

【質問】
会社で昇進の辞令が出ました。立場が上がるのはうれしいのですが、責任も大きく自信がありません。

「運命の椅子の話ってしたかな？」
「いえ、してもらったことないです」

「まだだったら、その話をしようか」

「お願いします」

「これは、若い人にぜひ聞いてもらいたい話なんだけど、年輩の人も覚えておくと、きっと何かのとき役立つし、生き方が違ってくると思うよ。その話はね、こんなふうに始まるんだよ」

「はい」


「あなたは今、道を歩いています。しばらく行くと、お偉いさんが集まって会議を開いているところに出くわしました。よく見ると、末席に一つだけ空いている椅子があります。それはまさかの自分のために用意された席でした。さあ、君なら、どうしますか」

「う〜ん。迷います」

「そうか。**正解は『はい、って返事して、さっさと座る』**だよ」

「それって厚かましくないですか？」

「そう考えるから、人は過ちをおかすんだよ」

「過ちですか」

「うん。会社っていうのは、常に先にいた人たちが用意してくれた場所があるんだよ」

確かに。会社、役職、すべては先人がつくってくれたものだ。

「例えば、『ここで働きなさい、この役職につきなさい』。そう言われたら、ここで働けばいいし、その役割を一生懸命やっていけばいいの。

もしくはある日突然『チーフになりなさい』『課長になりなさい』『この仕事をやりなさい』って言われたとしよう。それを『私でいいんですか?』とか、『ここへ座っていいんですか?』『それ、あまり好きじゃないんです』とかごちゃごちゃ言いすぎるんだよ」

さっさと座る。理屈ではわかるが、現実にはなかなか難しい気がする。

「人には誰にも、世の中が用意してくれた椅子があるんだよ」

「それは、つまり自分の役割ってことですか？」

「そう。その最たるものが仕事。多くの人が『ああいう仕事がしたい』とか、『こういう仕事はイヤだ』とか言うけれど、結局、仕事って何でも同じなんだよ。それは世の中が用意してくれた椅子なんだから、いろいろ言わずにとっとと座るの。そうしたら何でもやれるんだよ。与えられた仕事はすべて役割なんだよ」

与えられた仕事はすべて役割。なるほど、そう考えれば自分が今、何をすべきかが明確に見えてくる。

1日でも早く、その役職に足る自分になろう

「もうちょっと詳しく言おうか」

「はい。もっと聞かせてください」

今、こうして師匠の前に自分が座らせてもらっているのも運命の椅子なのかもしれない。そう考えると、僕のワクワクはさらに大きくなっていた。

「それはね、世の中は往々にして立場というご褒美を先にくれる、ってことなんだよ」

「え、そうなんですか？」

「そう。例えば君が店長をまかされたとする。言われるままにとりあえず店長にはなったけど、最初は店長の実力なんかないんだよ。最初の頃、しばらくの間は世間が持ちあげてくれる。その間に一生懸命に実力をつけるんだよ」

「持ちあげられている間が勝負なんですね」

「そう。だから浮かれてなんかいられないよ。世の中が『君は店長になりなさい』『課長に任命する』って言うときは、まだまだ実力がないんだ。でも、しばらくは見守ってくれるからね。その間にせっせと自分の腕を磨いて、その役割にふさわしい実力をつけるんだよ」

転職を考えたときに役に立つ「3カ月の法則」

【質問】
社会人2年目です。今の職場にやりがいを感じず、人間関係も良くないので転職したいです。

「うん。転職か。それもいいかもね。ただ、ひょっとしたら、その原因は会社ではなく、その質問者にもあるのかもしれないね」

「と言われますと？」

「辞める、辞めないは、自分が決めることだから正解はないし、私がその彼にどうしろって言えることじゃない。ただね、転職するって決めたとしても、辞表を出すのは3カ月先にしたほうがいい。自分のその後の仕事人生を楽しく、かつ豊かに働くために、その3カ月でやるべきことがあるんだよ」

「それは何でしょうか？」

「3カ月間、その職場で自分の出せるすべての力を使って仕事をするの。これができると、その後の仕事人生は大きくいい方向に変わる」

3カ月か。その本人にとってその時間は長く感じるかもしれない。しかし、長い人生の中で考えるとそんなに長いものではないのかもしれない。僕はそんなことを考えながら話を聞いた。

「特に若い頃に転職をするとき一番まずいのが、突然辞めること。これをやっちゃうと『嫌だったらすぐに辞めればいい』っていう癖がついちゃうんだよね。そしていったんこの癖がつくと、ちょっとでも嫌なことがあるたびに転職することが癖になっちゃうんだ」

「突然辞められると、会社も困りますよね」

「もちろんそれもあるんだけど、会社って自分が抜けても意外とちゃんと回るんだよ。一番困るのは辞めた本人」

「じゃあ、筋道論ですか？」

「違う。この質問者が幸せになるためだけでいい。『もうこれ以上できない』っていうところまで、3カ月間だけ、今ある仕事に全力を出し切ってみてほしいんだよ」

この質問者の3カ月後に起きた意外な顛末

この収録後、音声を渡すと、その彼は師匠の言うとおりに全力を出したらしい。

この人は師匠の本の大ファンだったので、特に言葉が響いたこともある。

そして３カ月後、彼に連絡すると、状況は意外な方向に進んでいた。

「どう、３カ月経ったけど、辞表出した？」

「あの、しげ兄（僕は彼からこう呼ばれている）、それがですね、事情が変わりまして」

「どうした？」

「出世してしまいました。この３カ月でまわりの評価がえらく変わっちゃいまして」

「辞めないの？」

「そのつもりだったんですが、仕事が楽しくなりまして。上司に転職を考えていたことを相談したら、昨日、会社の役員とその上司から会食に誘われて散々引き止められました。飲みすぎて頭が痛いです。もうちょっと続けることにします」

この顛末を師匠に伝えたところ、師匠は驚くことなく言った。

「やっぱりそうなったか」

「そうなると思っていたんですか？」

「だいたいはね。だって彼が会社がおもしろくなかったのは、全力でやってなかったからなんだよ。この『3カ月の法則』を伝えて本当に3カ月で辞めた人はほとんどいない」

「そうなんですか？」

「もちろん、中には辞めた人もいるけど、この3カ月の法則ができた人は、次の会社でも必ずいい方向に向くんだよ」

「そうなんですか？」

「だから、君にも言ったろ？　仕事って自分次第なんだよ」

なるほど、そういうことか。自分にも言われたことだが、人を通してそのことを目の当たりにすると、その心理が深く自分の中に刻まれる。

起きていることはすべて、今の自分にちょうどいいこと

「じゃあ、その3カ月ができない人って、どうなるんですか？」

「これは法則と言っていいと思うくらい、次の職場でさらに苦労する」

「マジっすか」

「あのね、仕事もプライベートもそうなんだけどね、**今自分に起きることって、その時点での自分のレベルに合ったことしか起きないんだよ。それを自分じゃなくて、まわりのせいにし続けると、その人が自分で気づくまで同じようなことが起きる。**嫌な人も現れ続けるし、嫌な仕事もさせられるんだよ」

「それはきついです」

まるで自分ごとのように言ってしまう僕。

「でもね、彼みたいに3カ月でもとことんやると、『すべては自分次第』ってことに気づくようになる。まわりじゃなくて、自分が未熟だったってことにね。そしてそれに気づくと、天に○をもらえて次のステージにいけるんだよ」

「なるほど、だから愚痴っぽい人って、どの会社に行っても愚痴ばっかり言ってるんですね」

「そう。また、愚痴っぽい自分にふさわしい試練がやってくる」

「僕も成長したいです」

「ここから先、そんな悩みを抱えた人が君のもとにもやってくると思う。そのときはこの『3カ月の法則』をぜひ伝えてやってほしい」

師匠の予言どおり、その後、僕は気が遠くなるほどの数の人からこの相談をされることになる。

その3カ月の過ごし方で、大きく二つの道に別れることも知った。

たかが3カ月、されど3カ月。人の運命は3カ月で大きく変わるのだ。

すぐにでも転職を考えたほうがいいとき

「次の質問なんですが……」

「どうした？」

「さっきの3カ月の法則の話とかぶるかな、と」

「とりあえず質問をくれるかな？」

「わかりました」


【質問】

何度上司にお願いしても嫌なことをする人に対応してくれず、まわりがどんどん辞めていっています。僕も辞めたいのですが、会社が困るので10年辞めずにがんばってきましたが、日に日に心がくたびれています。こんな人がいる職場でうまくやっていくためのいいアドバイスを教えてください。


「これはさっきと状況が違う。この人はすぐにでも転職を考えたほうがいいな」

「3カ月がんばるのではなく、ですか？」

「うん、できる限り早いほうがいい。そもそも、こんな場所でうまくやっていこうなんて考えていると、この人の心が壊れる」

どういうことだろう？　疑問を持ちながら僕は黙って話を聞いた。

「あのね、嫌な人の程度にもよるけど、この会社はもう伸びないよ」

「先がないってことですか？」

「先があるかどうかはわからないけど、**仕事ってね、心を壊してまでやるもんじゃ**

ないんだよ。そんなところで自分を殺すくらいなら、もっとよほどいい場所があるよ。この問題は、この質問者の立場ではどうにもならないね」

「上の立場の人次第ってことですかね」

「そう。バカなリーダーは、敵より怖いんだよ。あのね、あくまでこれも私の持論だから、そのとおりにやらなくてもいいけど、確認のためにもう一度時間が経ってから君が聞き直してみてくれな。その上で、この音声をその人に渡すかどうかを判断すればいい」

「わかりました」

「そもそもね、まわりがそんなに辞めているにもかかわらず、そんな嫌な人がずっと居座れる体制自体が問題なんだよ。これはリーダー、つまり経営者の責任だな」

「リーダーの責任……」

「日本人ってね、良くも悪くも、無難にうまくやっていこうっていう気質を持ってるのはわかるよね」

「はい、わかります」

「たぶんこの会社の経営者も、人が辞める原因はどこにあるのか気づいてるはずだ。でも、波風が立つことを恐れて何もしない。そんなリーダーのために、自分の人生を犠牲にする必要はない」

師匠は、こうした理不尽な話を聞くと、まるで自分の身内をいじめられたように言葉が熱くなる。

どうしても嫌な人からは全力で逃げろ

「でも師匠、その嫌なことを言う人も、本当はいい部分も持っているんじゃないでしょうか？　よくいる口は悪いけど、実はいい人ってパターンも」

「ないね。口は悪いけど、いい人なんていない。そもそも、その人が意地悪な気質を持っているから、そんな発言が出たり、人が辞めたりするほどひどいことをするんだよ。そこを見過ごしてそのままにしているリーダー自体が失格だ。早く辞めたほうがいい」

「3カ月は」

「いらないね。まわりが辞めても、その人はがんばってきたんだろ？　もういいよ。積極的撤退」

「それ、おもしろい言葉ですね」

「嫌な人はまず変わらないよ。変えようとすると、相手から反発されて大変なことになる。それを相手に合わせて好かれようとしたら、さらに大変なことになる。そんな人に好かれると、ずっと自分を押し殺さなきゃいけない地獄が続く」

その人がそんな気持ちで働いていることを想像するとかわいそうになってきた。

「私はね、『どうしても好きになれない人、どうしても嫌な人とはうまくやろうとせずに、全力で逃げろ』って昔から伝えている」

「それこそ波風が立ちそうですが……」

「自分の中の波風で苦しむよりよっぽどいいよ。そもそもそんな職場はね、本当に人がいなくなって大嵐にならなきゃ対応しない。そして、たいがいは気づいたときにはもうすでに遅しなんだよ。その大嵐に巻き込まれるくらいなら、積極的に撤退したほうがいい。言い過ぎかい？」

僕は首を横に振った。師匠が質問者の立場を考えて言ってくれているのがすごく伝わってきたからだ。

「そんな環境の中で、よく10年もがんばったなあ、この人」

そう言って師匠はこの話を終えた。

のちにこの音声を渡したとき、質問者は聞きながら泣いていた。そして、すぐに辞表を出した。

今、この人は次に行った会社で活躍し、役員になっている。

起業して成功する人の条件

「この人からは二つの質問がきていますが、いいですか？」
「もちろんだよ、どうぞ」

【質問】
起業したいと思って、いくつかのセミナーに通っています。起業で成功する方法を教えてください。

「答える前に一つ、質問していいかい？　この質問者はどんなタイプの人？」

「タイプですか？」

「そう。自分が強いタイプかな？　それとも繊細なタイプ？　それによって伝え方の表現を変えなきゃいけないから」

「どっちかと言うと、自分というものが強いタイプですね。ですからストレートに伝えてもらったほうが伝わるかもしれません」

「そうか、わかった。とても大切なことだから、遠慮なく言おう。この人はこのまじゃ、起業に失敗するよ。ほぼ確実にね」

師匠はフーッと深い呼吸をしてからちょっと深く座り直した。

「始めようか」

「はい、お願いします」

僕はICレコーダーの録音スイッチを押した。

「あのね、はっきり言うと、この人は起業に際してやることのピントがまったく外れている。一つくらいならまだいいかもしれないけど、いくつかのセミナーに通っ

君はなぜ働くのか

読者の方に無料
特別プレゼント

本書で掲載できなかった
原稿「一問一答」の続き

（PDF ファイル）

著者・永松茂久さんより

本書の第３章でお伝えした「一問一答」のうち、紙幅の都合上、掲載できなかった原稿を、本書読者限定の無料プレゼントとしてご用意しました。この貴重な未公開原稿をぜひダウンロードして、本書と併せてご活用ください。

特別プレゼントはこちらから無料ダウンロードできます↓

https://frstp.jp/kiminaze

※特別プレゼントは Web 上で公開するものであり、小冊子・DVD などをお送りするものではありません。

※上記無料プレゼントのご提供は予告なく終了となる場合がございます。あらかじめご了承ください。

てること自体が起業音痴と言わざるをえない」

師匠にしては確かに珍しくストレートだ。しかし、そうするくらい大切なことを伝えようとしているということは、僕にもわかった。

「起業セミナーの評論家になるなら、今のままでいい。でも、本気で起業を学びたいんなら、一番早い方法は起業することなんだよ」

「とにかくやるってことですか？」

「起業って、簡単に言うと自分の商品を売り始めるってことだよね。例えば、ラーメン屋をしたいなら、自分のラーメンをつくって人を呼んで、まずは１００円でもいいからちゃんとお金をもらって商品を売り始めるってことが起業なんだよ。それに、ただでさえ起業当初ってお金がないよね。本当は１円でも稼いで自分の身入りを増やさなきゃいけない、そんな状態のときに、わざわざ高いお金を払うってこと自体が間違いなんだよ」

「起業セミナーに通わないほうがいいってことですかね？」

「一概にそうとも言えないんだけどね。こうしたセミナーに通うとき一番まずいのが、座学で学んだだけで、すでに成功した気分になることなんだよ。起業って厳しいよ。そんな心構えで起業すると、コテンパンにやられてしまう」

「確かに、起業ってそんなに簡単なものじゃないですよね」

「起業セミナーをすべて否定しているわけじゃないよ。でもさ、よくよく考えてみると、何十万も払って起業セミナーに行く前に、本屋に行ったらどうだろう。そこには起業のノウハウがたくさん詰まった本が1500円から高くても2000円も出せば売っているはず。それを深く読み込んだほうがよっぽどいいよ」

「最初の頃はなるべくお金をかけるな、ということですね」

「そう。起業するときのポイントは、とにかく自分のお金をできる限り手元に残すことが大切なんだ。無駄なことにお金を使ったらダメだよ」

師匠はいつも言う。

「お金がどんどん自分の手元から出ていっているときは、必ずと言っていいほど頭

を使っていないときだ」と。

特に起業、創業当初の人たちには、ここを口が酸っぱくなるほど言っている。

君はラーメン屋の多い街で何屋をする？

「ありがとうございます。同じ人からのもう一つの質問にいきます」

「はいよ」

【質問】

多くの人がやっていないニッチな部分で起業しようと思っています。ニッチはどう見つければいいでしょうか？

「また厳しい伝え方になるかもしれないけど、言っていいかい？」

「もちろんです。僕も勉強になります」

「じゃあ言うね。この二つの音声をその人に届けるかどうかは、君が判断してくれ」

「わかりました」


「起業でやってはいけないことの二つ目。それはね、『ニッチを狙う』ってことなんだよ」

これは意外だった。普通は人がやっていないことをやるほうが、チャンスがあると考えがちなのに。


「ニッチっていうのは、つまり、ほとんどの人がやっていない、ってことだよね」

「はい、そうなりますね」

「これまで人生をかけて起業しているたくさんの人たちがいる中で、今、市場にないものって、ニッチなんじゃなくて、ほとんどの場合、需要がないんだよ」

この回答は盲点だった。

「あのね、ここは君もよく覚えておくといい。例えば、博多と言えば、ラーメンだよね」

「ですね。文化です。あちこちにラーメン屋があります」

「もっとわかりやすく、君の地元中津で言えば、からあげと言っていい」

実は僕の生まれ育った大分県中津市は「からあげの聖地」と呼ばれ、人口一人当たりのからあげ屋の数が日本一なのだ。

「そんなとき、多くの人が『博多にはラーメン屋だらけでパスタ屋が少ないから、パスタ屋をすればうまくいく』とか、『中津はからあげ屋が多いから、今さらからあげ屋をやっても勝てない』、そう考えるんだよ」

「それは、僕もそうかもしれません」

「それは、素人《しろうと》の考え方なんだ。プロの商人は違う。『博多は街ごとラーメン屋みたいなものだ』って考える。ラーメンを求めてたくさんの人が集まってくるんだから、そう考えることだってできるよね」

「なるほど。そう考えれば、街がラーメン屋に見えてきます」

「しかも、それだけラーメン屋が多いんなら、それだけの人が食っていける市場があるってことだ。だったら、その中で一番になれば、そこに来るお客さんを総取りできるってことになる。1店舗目から列が途切れない大繁盛店になれる」

「ってことは、ラーメンの多い街ではラーメン屋、中津で言えば……」

「そう、からあげ屋だね」

「なるほど」

「あのね、まだ市場がつくられているITベンチャーの分野とかなら別かもしれないけど（2006年当時）、そうじゃない分野なら、すでに市場があるものがいい。その中で、他がやっていないサービスだったり、味だったりを追求して突き抜けることができれば、そこに来るファンたちの中で一気に口コミが起きるんだよ」

何かの本で読んだことがある。「起業で狙うべきは、まだその商品を知らない人ではなく、すでに買ったことがある人にフォーカスを当てればいい」、と。おそらく師匠は、そういうことを伝えようとしているのだ、と僕は感じながら聞いていた。

この理論に対しての疑問が湧いた。この時点で、僕はすでに話に引き込まれ、代わりに質問するという本来の役割を忘れ、自分ごとになっていたのだと思う。

「あの、師匠、質問していいですか？」

「うん、いいよ。これは、特に私の得意な分野の話だから盛り上がっちゃうな」

そう言って師匠は笑った。

「これは僕の疑問なんですが、例えば、それって僕たちみたいな総合飲食店の商品開発でも当てはまるんでしょうか？　例えば、他の地域で流行っている食べ物を持って来たりするのは、お客さんにとっては新鮮なのかと思うんですが……」

「季節商品とかならやってもいいけど、それを目玉にするのだけはやめたほうがいいな。例えば、君が好きだって言っていた広島のお好み焼きを、『これがないから普及させよう』って言ったって、人は本当に食べたかったら、広島に行くよ」

そのとおりだ。現に、僕自身も地元にある広島焼きのお店には行かない。

「まとめるけどね、仕事において元々そこにないものを普及させることって、膨大なエネルギーがかかるよ。そう考えたとき、君の店なら、よその店よりおいしいからあげをつくったほうがよほど繁盛の早道だ。からあげの街と言われる中津で突き抜けておいしいからあげをつくれれば、口コミが広がって、遠くから人が来る。配送なんかもつくれば日本中、いや、全世界がマーケットになる」

さすが日本一の商人だ。よくよく聞くとシンプルなことだが、多くの人の盲点になっているところではないだろうか。

起業は、まずこの部分を徹底してやるべし

「守、破、離って言葉を知ってるかい？」

「はい、まずは型どおりの基本を身につけ、次にその基本をベースに改良を加え、それができたらオリジナルを生み出すって意味の言葉ですよね」

「そのとおり。**この守破離のルールで考えると、起業に関しては、たいがいの場合、『守』の部分だけを徹底的にやれば、ある程度はうまくいくんだよ。**わざわざ世の中にないものを生み出そうなんて考えなくてもいい」

「起業は、『守』を徹底的に極める」

「そう。起業当初って、もう軌道に乗った会社に比べてお金も人も実績もない。そんなときは、まずは『何が今求められているのか？』『何の分野なら一番エネルギーをかけずに軌道に乗せることができるのか？』を考えて事業選択をすればいい。

市場にないものとか、本当に情熱を注げるものは、人、モノ、金、情報、この４つの経営資源をすべて手に入れたあとでも遅くはないんだよ」

「起業セミナーに行く前に本屋に行く。できるかぎりお金をかけない。ラーメン屋の多い街ならラーメン屋をする。とても勉強になりました」

「長くなったけど、この質問者の人もうまくいけばいいな」


その彼に僕の店でこの音声を渡して共に聞き、二人で語り合った日が今、とても懐かしく感じている。

「この師匠がおっしゃっていることはそうかもしれないですけど、僕はできると思っています。世の中にないものを生み出します」

そう言って彼は帰って行った。

そのとき以来、疎遠になっているのだが、彼は今、どこで何をしているのだろう？

起業するのに、今の立場は関係ない

「いつもながら、この質問会はおもしろいなあ」

ちょっと休憩をしている間に、師匠はそう言った。

「ですね。特に仕事のことは僕も勉強になります」

「働くって、人生の中ですごく大切な部分だからね。私の考え方が役に立てたらいいけどね」

師匠はいつもこういう言い方をする。それが決して謙遜でもなく嫌味にも聞こえない。心からそう思っているのが伝わってくるからだと思う。

「さて、次にいこうか。次はどんな質問かな?」

「はい、ではお願いします。シンプルな質問ですけど、よろしくお願いいたします」

【質問】
主婦ですが起業したいです。可能でしょうか？

「うん、わかった。結論から言うね。可能だよ。主婦だろうが若者だろうが、極端に言えば学生だろうが、どんな立場にいようが、起業においてはすべてはその人次第」

「心構え次第で、主婦でも起業して成功することは可能ということですね」

「うん、そうだね。まず大切なのは、二つの覚悟があるかどうかだよ」

「覚悟ですか？」

「そう、覚悟。**一つ目はね、『お客さんを幸せにする覚悟』、そしてもう一つは『自分が幸せになる覚悟』。起業に大切なのは、この二つの覚悟だよ。**それを持ってさえいれば、起業は簡単だよ」

「なるほど。二つの覚悟……」

シンプルだけど、納得感がある。この言葉がスッと出てくるのがやはりすごい。

僕もそうなりたいと思った。


「たぶんね、この人はこの質問が出てくる時点で『自分は主婦だから、起業するのは無理なんじゃないか』って思っていると思うんだよ」

そのとおりだった。この人は、僕のお店で何度も起業の相談に乗っていたのだが、なかなか踏み切ることができない人だった。

「昭和や大正時代なら、主婦の立場だったら大きなハードルがあったかもしれない。でもね、これからの時代は、主婦でも成功する人がどんどん出てくるよ」

「そうなんですか？」

「うん、ＩＴが発達するからね。ネットがここから世の中に行き渡ると、主婦をやりながら億のお金を稼ぐ人がどんどん出てくる」

先にも書いたがこれは2006年の話だ。この言葉どおり、この日から17年経った2023年の今、世の中に主婦の成功者がどんどん出てきている。

師匠は続けた。

「『自分は主婦だから』って、できない言い訳をしている間は難しいと思うけど、もしこの人が本気で二つの覚悟さえ持てれば、必ず成功する」

「理由を教えてください」

「女性ってね、男性に比べてとても器用なんだよ。掃除しながら友達と電話して、その間に料理をつくったりする同時並行の能力を持っている。そしてね、女性って何かを始めるとき、男性に比べてスタートダッシュが遅いんだよ。でも、そのおもしろさを知っちゃうと、ズブズブにハマっていくケースが多いんだ」

「なんかわかる気がします」

「それに比べて男性は、スタートの勢いはいいけど、ちょっとうまくいくと怠けちゃう人が多い。だからね、旦那が起業したことでいやいや手伝ってたら、いつのまにか奥さんのほうが仕事にハマっちゃうってケースが少なくないんだよ」

グサッときた。スタートダッシュだけはいい僕にも、そのきらいはある。

「そしてね、**起業も仕事もそうなんだけど、お客さんにとっては、その人が主婦だろうが社長だろうが、関係ないんだよ。自分を幸せにしてくれるサービスをしてくれる人のところに人は集まる**」

「では、二つ目の『自分を幸せにする覚悟』とは？」

「旦那や子供のためだけに生きるのをやめること。自分の人生をちゃんと考えるってことだよ」

「なるほど。ただ現実的には主婦だと制約が多いんじゃないですかね？　旦那さんの協力とか、子供のこととか」

「確かにそうかもしれない。でもね、結局はそれも言い訳なんだよ。本気で覚悟をすれば、『〜だからできない』じゃなくて『じゃあ、できるためにどうする？』っていう問いに変わる」

「覚悟を決めると、できる方法が見えてくるんですか？」

「そう。覚悟が決まれば、人って勝手に行動を起こすんだよ。例えば、旦那が休みのときや、子供が学校に行ってる時間にできる起業方法を探したり、夫婦でじっくり話し合ったりね。人って本気になれば、『やれる理由』が勝手に目に飛び込んできたり、思いついたりするんだよ。立場は関係ない。とにかくお客さんが喜ぶものを提供できる人が勝つ。そんな人が妻や母として、だけじゃなくて一人の人間としての幸せを手に入れることができる」

「なるほど」

「今からは、ＩＴの発達で『個人の表現欲求』が天井知らずで上がっていく。個人から個人に向けてのマーケットも拡大していくから、たった一人で大企業を倒しちゃう個人がどんどん生まれる。そうなったときの武器は情報。この分野は女性のほうに利がある」

師匠の時代を読む眼に、僕は何度も助けられた。その瞬間はわからなくても、ほぼ確実にそれが現実となった。

「時代ってね、よく観察していれば、ここから先どう進んでいくかは簡単に見えてくるよ。この人も覚悟を持てたらいいね」

相手のいいところを学ぶ習慣を身につける

【質問】
ライバルに負けたくないです。勝つ方法を教えてください。

「この質問、私ならどう答えるか、君ならわかるよね？」

「はい、あの日の居酒屋で教えてもらったことですよね」

この回答がわかる理由――。それは、僕自身が以前にこの質問をそのましたことがあったからだ。恥を忍んでそのときの話を書かせてもらおうと思う。


「お疲れ様。今日もよくがんばって聞いたな。乾杯しよう」

「ありがとうございます。正直、頭の中がパンパンです」

「だろうね。時々しかこうして会えないから、一回あたりに教える情報量が増えちゃうな」


ある日、講義が終わったあと、僕は師匠おすすめの居酒屋に連れて行ってもらい、こんな会話で食事が始まった。

その店は下町の駅前にあり、とても古くからやっている大型の店で、お世辞にもきれいとは言い難い店だった。サービスも味も普通。

しかし、店はずっとフル満席。同業者として、正直、僕にはその理由がわからなかった。

「都会で人が多いからだろう」

それくらいに思っていた。

同時に、どこか心の中で負けたくないという感情が湧き起こっていた。

「この店をどう思う？　なんで繁盛していると思う？」

酔っていたせいもあったと思う。ある程度お酒を飲んだあと、師匠に聞かれた言葉に僕はこう答えた。

「あの、せっかく連れて来ていただいたのに、こんなことを言って申し訳ないんですが、正直、なんでこんなに繁盛しているのかがよくわかりません。味はそこそこおいしいですけど、店員はいたって普通だし。人口が多いからですかね？」

すると、師匠はこう言った。

「その考え方じゃ、君はこの店に永遠に勝てないよ。なぜなら、負ける人の典型的

な考え方だから」

バコンと心の中で音がした。見えないハンマーで頭を叩かれた気分になった。同時に、自分の中でそれまでの酔いが一気に醒《さ》めていくのがわかった。

「これは、君が勝つ人になる上で大切なことだから覚えておくといいよ」

この言葉から師匠の居酒屋臨時講義が始まった。

仕事で伸びる人の条件

「仕事で伸びる人って、どんな人だと思う？」

「伸びる人ですか？　えっと……」

どう答えても、おそらく僕の答えは正解ではない気がした。そのことを見抜いたのだろう。師匠は続けた。

「それはね、相手のいい部分を探すことができる人だよ」

「あの、これも録音していいですか？」

「いいよ。ただ、まわりが騒がしいから、私の近くにレコーダーを置いて話していいかい？　なるべく大きめに話すからね」

そう言って、師匠はレコーダーを僕から受け取り、手元に置いた。

「人ってね、競争で伸びる一面もあるんだけど、競争の仕方を間違えると、自分をダメにしちゃうんだよ」

おそらく今、僕はその状態なんだろう。黙って話を聞いた。

「ライバルっているよね。今、君にとっていえば、この店がライバルってことになる」

「はい。正直、負けたくないです」

「男だからな、それくらいの気持ちは大切なんだよ。ただ、**本当に勝ちたかったら、この店のマイナスの部分じゃなくて、いいところを必死に探すんだよ。そしてね、**

そのいい部分をちゃんと学んで、自分の店に活かす。これができれば、君はやがて勝てる」

「そう考えると、僕はマイナスばかり見ていました」

「それは、誰にでもよくあることなんだよ。例えばね、職場に自分のライバルがいたとする。負けたくないって思うよね。その感情の持っていき方で未来が変わるんだよ」

仕事で負けたくない相手がいる。その思いに心当たりがある人は、自分ごとに当てはめて聞いてほしい。

「負けたくない。だからこそ、相手のマイナス部分じゃなくてプラスの面を探すんだよ」

「でも師匠、人ってどうしても、悔しさから相手のアラに目がいってしまいがちになると思います」

「だよね。でも、いくら相手の悪いところを見ても、一瞬自分を安心させるだけで、自分の成長につながることなんてないよ」

「僕はどうしてもそうなりがちです」

「勝ちたいなら、そこで自分に問いかけるんだよ。『相手のいいところはどこだろう？』ってね。悔しさを抑えて相手のいい部分を学び、自分に取り入れる。それができる人は、どんな仕事をしても、やがてライバルに勝つ」

悔しさをくれる人は、ライバルではなく先生である

うーん、理屈はわかるけれど、それはとても難しいことのように僕は感じていた。

「ほんとはね、ライバルっていう考え方がその悔しさを生み出すんだよ」

「そうなんですか？」

「ライバルって、そもそもは敵って意味だよね？」

「はい、好敵手って書きますから」

「そうじゃなくて、『先生』と思えばいい。まわりにいるすべての人が、自分にいい部分を教えてくれる先生。どんな相手でもそう考えることができれば、自然といい部分を見つけることができる」

「ライバルじゃなくて先生ですか」

「あくまで自分の頭の中での設定だよ。人をそういうふうに見ることができれば、自然と学ぶことができるんじゃないか？」

「確かにそう思えば、スムーズに学べるかもしれません」

「今はたとえ相手に負けていたとしても、いい部分を学んで自分のものにする習慣を身につければ、君はやがて勝つ人になれるよ。負ける悔しさより、勝つ人間になるための我慢のほうがずっと楽だよ」

そう言って、師匠は笑った。

今でもあのときの居酒屋の活気、そしてこのことを教えてくれたちょっとお酒で顔が赤くなった師匠の表情を鮮明に覚えている。

人にはいろんな感情がある。

嫉妬もその一つだろう。ただ、その嫉妬心を埋めるために、人のアラを探すのか？　それとも、素直に学んで自分を成長させるエネルギーに変えるのか？

どちらに焦点を当てるのかで、結果は大きく変わる。

どんな相手からでもいいところを学べる習慣。持ちたいものだ。

なぜあの人の伝え方は心に響くのか？

朝から講義が始まって、あっという間に午後3時。

一問一答会の収録をしながら、いや、この講義を受け始めてからというもの、僕の中でずっと疑問だったことがあった。

それは、

「なぜ師匠の伝え方はこんなに心に響くのか？」

ということだった。


その当時、僕が一番悩んでいたこと。それは伝え方だった。

どうすれば、スタッフに話が通じるのか？

どう伝えれば、うまくいくのか？

これを目の前で体現してくれる師匠にそのコツを聞いた。

そして、この回答がその後の僕の伝え人としての人生を広げてくれることになる。

もし、今、一人でも部下や後輩など、導く人がいる立場の人、つまりリーダーにとって、とても役に立つことなので書いておこうと思う。


「師匠、どうすれば、師匠のように人の心に響く伝え方ができるようになりますか？」

この問いに対して、しばし間を開けて師匠は言った。

「それは簡単だよ。ただ相手が幸せになることだけにフォーカスして話せばいいんだ」

「あの、それってシンプルなんですけど、めちゃくちゃ難しい気がするんですが……」

「最初はそうかもしれないね。でも慣れれば誰でもそうなれるよ。大切なのは、『意識すること』と『場数』だな」

ただ相手が幸せになるために伝える。それはどういうことだろう？

そのことを聞くと、師匠はこんな話をしてくれた。

「『人を見て法を説け』って言葉があるんだけど、知ってる？」

「いえ、初めて聞きました」

「一説によると、これはお釈迦《しゃか》様の言葉らしいんだけどね。**伝えるために大切なのはまず、相手の立場、感情、理解力といった力量を読み、その上で相手に合わせて伝えることが大切**なんだよ」

「相手を知る、ってことですか？」

「そう。だって小学生に向けて大学生レベルのことを言ってもまったく伝わらないし、逆だったら簡単すぎて話を聞かないよね」

「はい」

「目的は、あくまで相手に伝わる話をすることなんだよ。だからね、相手のことを考えて話すときは、『いかに話せば伝わるか』を真剣に考えることだね」

「そう考えて話すと、どんな話し方になりますか？　特徴ってありますかね？」

「話す言葉がわかりやすくなる」

なるほど。確かに師匠の話はわかりやすい。

そのことは、僕だけでなく、うちのスタッフや一問一答会の質問者たちもいつも言っている。

伝えるときに、自分の我を抜くことができるか？

「でもね、多くの人は、伝えるときにベクトルが自分に向いちゃうの。だから、我が出て伝わらなくなる」

「ベクトルですか？」

「そう。わかりやすく言うとね、『自分がどうカッコよく伝えるか』を意識しちゃうんだよな。そうなると、途端に話が浅くなる。そして、言葉が難しくなる。苦労話も増える」

「自慢話とかもそうですかね？」

「うん、気を抜くと、自分の話って、そうなりがちになるね」

まるで僕自身のことを言われているような気がした。目の前の人に対して、ついついカッコよく伝えようとしてしまう癖があるのだ。

「あのね、私もそれなりに勉強はしてきたし、事業もそれなりにうまくいってきたから、カッコいいことはいくらでも言えるんだよ。例えば、今の君に対して『いかに夢を叶えるか?』って話だってできる。でもそもそも、その夢自体が見つからなくて困っているから、こうして私に相談に来ているんだよな?」

そのとおりだ。しかし、もしこの講義が始まった時点で「夢の叶え方」について話されていたとしたら、僕は逃げ出したくなったと思う。

師匠は続けた。

「テレビなんかでよく成功者がもっともらしいことを言っていると、私はどうしてもイラッとくるんだよ。自分は確かにそれでうまくいったかもしれない。でも、そんな超人的なことを達成できるのって、本当にひと握りの天才なんだよ」

「そんな人の言葉って『すごいなー』って思うんですけど、同時に劣等感が湧いてくることもあります」

「まあ、テレビの演出上、そんなことを言わないと形にならないのかもしれないけど、ああいった天才の言う言葉を、多くの人が真に受けて失敗するんだよ。それを聞いてうまくいくのはごく一部の天才だけ」

「僕は完璧に凡人のほうです。凡人には天才の言葉は重いです」

「いいんだよ。ほとんどの人が凡人なんだから。世の中で何かを発信する人は、そこをちゃんと理解して発言してほしいんだよな。

例えば、事業家で１００億円企業をつくったとか、前人未到の記録を出したとか、そんな人が『夢を持たなければ成功できない』なんて言うと、確かにそれっぽくてカッコいいけど、普通の人はいくら夢を持ったって、そんなことできないよ。だから、そういう高みからの無責任な発言に私はイラッとくるんだよ」

不思議な人だ。歴代納税一位という日本人史上初の快挙を成し遂げた人の発する言葉とはとても思えない。
そう言えば、「自分はこんなに苦労したんだ」とか、「私はこうして成功した」という話を一度も聞いたことがない。師匠の口から出るのは、「いかにすれば、聞く側がうまくいくのか」ばかりだった。

「伝えるときはね、自分の我を入れたらダメなんだよ。いかにすれば目の前の人の自己重要感が高まるか、いかに伝えれば聞く人の心が楽になるか、いかに話せば相手が今よりもっと良くなるか、それだけに集中して伝えるんだよ」

ニュアンスではわかる。しかし、このときの僕はその真意をまったく理解できていなかったと思う。
「ここから先、君がいくら成功したとしても、そして伝える側になったとしても、このことを忘れないでほしい。一部の天才だけを啓発する天才になるんじゃなくて、普通に生きている人の心が明るくなるような伝え方ができる人になってほしい」

これは目の前に導くべき人が一人でもいるリーダー全部に当てはまることだ。

例えば、目の前に悩んだ人がいるとき。

後輩が人生に迷って相談に来たとき。

人前で何らかの話をしなければいけなくなったとき。

そんなとき、自分を忘れ、相手の幸せにフォーカスして話せるかどうか。

リーダーにとって大切なのは、やはり「いかに相手のことを考えるのか」、その力なんだと僕は思う。

今あらためて、僕がこうして長い間本を書くことができたり、講演活動ができているのは、師匠がこの伝え方のコツを教えてくれたおかげだと確信している。

第4章

仕事がうまくいく人のルール

「魅力」について深く考えたことはあるか？

初めて師匠の事務所を訪ねたあの日以来、どれぐらいのことを教えてもらってきただろう。師匠の口から出てくるひと言、ひと言が、僕にはとても新鮮で刺激的だった。

事業家として、いかに立つべきかという話。

男として、人間として、どう生きたらいいかという話。

そして、今回のような仕事に対する心構えの話。

ひと言も聞き漏らさず、すべてを吸収しようとした。

そんな僕に、師匠は惜しげもなく数々の知恵を伝授してくれた。

その教えのひと言ひと言が、まるで乾いた砂に水が染み込むように、僕の全身に入ってきた。

僕は許可を得て師匠の講義をICレコーダーにも録音させてもらい、地元に帰ってからも、繰り返し繰り返し、何度も再生して聞いた。

そして、自分にできることから、一つひとつ実践していった。

それで、いったい何が変わったのか？

はっきり言えるのは、僕の前に徐々にひと筋の道が開けてきたことだ。

休憩中、僕はそんなことを振り返っていた。

「さて、働くってことについて、もうちょっと本質的なことを伝えていこうね。ここからは仕事がうまくいく人のルールだ。これはちょっとリーダー向けの話になるけど、いいよね？」

「はい、僕自身、今リーダー職ですし、どんな人もやがて誰かのリーダーになると思うので、そんな人が来たときに、それを伝えられたらうれしいです」

「うん、わかった。言われれば確かに、誰もがやがてリーダーになるもんな。よし、始めようか」

「師匠、大丈夫ですか？　もうちょっと休憩してください」

「大丈夫だ。君はふだん九州だから詰め込みになっちゃうけど、大丈夫かい？」

「もちろんです。よろしくお願いします」


僕が学びに行くと、師匠は丸1日時間を押さえてくれて、朝から晩まで真剣に話してくれる。本当は、話す師匠のほうがきついはずなのに。そこまでしてくれる師匠の思いに応えるべく、僕も一言一句漏らさぬつもりで話を聞く準備をした。

師匠はこう話し始めた。


「ここからは、どうすれば具体的に仕事がうまくいくのかっていう話に入ろうね。ところで、君は人間の魅力ってものを深く考えたことはあるかい？」

「いえ、あまり深くは」

「本当はね、人はもっと真剣に『魅力』というテーマを深く考えたほうがいい。本当なら、学校の授業の一つにしてもいいくらいのことだ、と私は思っている」

「魅力……」

「そう、魅力。これさえあれば、仕事だって人生だって、ほとんどのことはうまくいくんだよ。でも、なぜか人はこのテーマを掘り下げずにないがしろにしてしまう。それはとてももったいないことだよ」


魅力を授業にして解説する。もちろんそれは伝える側に魅力がないと伝わらない。では、そもそも魅力って何なんだろう。そのことを僕は師匠に聞くとこんな答えが即座に返ってきた。

「魅力、それをひと言で言うと『また』だよ」

「はい？」

また？　頭に10個くらいのはてなマークが出てきた。

「『また会いたい』『また行きたい』『また聞きたい』……。出会った人にそう思わせる力。それが魅力の正体だと私は思うよ」

「『また』を追求すれば、必然的に魅力は上がるということでしょうか？」

「そう。『また』を追求しながら自分を磨きあげていけば、どんなことでも成功するんだよ」

「何をやっても、ですか？」

僕は聞き返した。

「そう、何をやっても。だからね、仕事がうまくいかないときは、自分自身に問いかけてみればいい。自分は『また』を追求しているだろうか、ってね」

シンプルだが、とても深い言葉だった。

「また会いたい」と思われる人のルール

「また」の追求。これは経営者だけでなく、すべての人に当てはまる。

例えば、何かを頼むたびにめんどくさそうな顔をする人に、「またものを頼みたい」とは思わない。

笑顔がまったくない店員のいる店に、「また行きたい」とは思わない。

会うたびに嫌なことを言う相手に、「また会いたい」とは思わない。

自分の話をまったく聞いてくれない人に、「また話したい」とは思わない。


そう考えたとき、仕事だけでなく人生の人間関係も含め、うまくいくことってとてもシンプルなことなのかもしれない、そう思った。


「仕事がうまくいくって、イコール『魅力を高める』ってことなんですね。なんかとてもシンプルで、簡単なことのように思えてきました」

僕が言うと、師匠は深くうなずいて言った。

「そのとおりだ。そしてね、魅力って簡単に上がるんだよ」

「具体的に、どんな人になれば魅力が手に入りますか？」

「それは簡単だよ。感情の達人になればいい」

感情の達人――。また名言が飛び出した。

「世の中ってね、一見、建て前や理論理屈で動いてるように思う人って多いんだけど、実は感情で動いているんだよ。会社も政治も経済も、すべて底辺には人の感情がある。そこをしっかりと見抜ける人、それが感情の達人」

「なるほど、そこを目指したいです」

「お坊さんからコンビニのお姉さんから幼稚園生、そして長く生きてるおじいちゃんやおばあちゃんまで、君の目の前にいるすべての人がほしがっているのは自分の得。もうちょっとそれをきれいに言うと、誰もが幸せになりたいってこと」

このことに異を唱える人は少ないと思う。

「誰もが幸せになりたくて生きているんだよ。みんな得をしたいの。そして、その得を求める感情は、私たち人間の脳の大多数を占めている。だからね、仕事でうまくいきたいんなら、『相手の感情を読む』ことに対してピンポイントで突き抜ければいい」

「仕事力」が伸びる人、伸びない人

「さて、仕事がうまくいく人のルール、次にいこうか。これは、特にがんばり屋さんが覚えておくといいことだよ。君にも当てはまるかもしれない」

「はい、お願いします」

「人って仕事において、それぞれのレベルがあるよね。何人分もの仕事を一人でこなす人もいれば、自分一人の仕事も満足に仕上がらない人もいる」

「はい、そこは人によって差がありますね」

「わかりやすく『仕事力』って表現しようか」

仕事力。本音で言えば、誰だってそれは高めたいはず。

「実はね、個人の能力が高い人って一見すごい人に見えるけど、そんな人が陥る落とし穴がある」

「落とし穴ですか？　それは何でしょうか？」

「人に頼れない、任せられない。自分がやったほうが早いって独りよがりになりがちになるってことだよ」

そう言われると、何人か思い当たる人が頭の中に浮かんだ。

「ともすれば、まわりから見て、我が強い人って映りがちになってしまう。そういう人は、まわりの人も仕事がしにくいし、指導もしにくい。だから、ある程度のところで伸びが止まっちゃうんだよ」

「なんかわかる気がします。僕もスタッフを抱えているので、思い当たる人がいます」

どれだけまわりの人の力を活かせるか

「力があってもうまくいかない人って、どんな傾向にあるかわかるかい？」

「さっき言われたように、自分で何でもやろうとするってことですか？」

「そうだね。もっと深く言えば、うまくいかない人って『仕事は個人の能力の戦いである』って思っているから、どうしても自分流にこだわるんだよ。自分のスタイルを変えることができないって言ってもいいかもしれない」

「なるほど」

「でもね、さっき言ったように素直で柔軟性がある人は、天井知らずに伸びる。仕事力ってね、『自分のまわりの人をどれだけ活かすことができるか』によって変わるんだよ」

「まわりの人の力……」

「そう。例えばね、君が何かの仕事を始めるとしよう。そのとき、当然私は君にアドバイスをするよな」

「めちゃくちゃありがたいですし、心強いです」

「もしそれを君が素直に受け入れたとしたら、それは君の仕事力に私の仕事力がプラスされるってことなんだよ」

師匠の力が自分の力に加算される。やばい、それなら何でもできそうだ。思わず僕はにやけてしまった。

「まわりの人の知恵を活かせるってことは、つまり、その人たちの数だけ自分の仕事力が上がるってことになる。でもね、逆にそれができない人はいくらがんばっても、自分の能力の範囲内で終わってしまう」

「あの、人の力って自分にプラスしていいんですか?」

「もちろんだよ。でも残念ながら自分の力量になまじっか自信がある人は、『こうやったら、うまくいくよ』っていくら伝えても、『そのやり方は本当に正しいんでしょうか？』とか、『なんか自分には合わない気がします』って、結局、その力を活用することができずに自分の我で仕事をする。でもね、本当はうまくいった人の方法をそのままやるほうがうまくいくことが多いんだよ。だってうまくいくやり方を知っているんだから」

「僕、どっちかというと自分流にやりたいタイプです。なぜかと言うと、人に言われたとおりにやってうまくいっても、それは自分の実力じゃないんじゃないかって考えちゃうんです」

「そんなに生真面目に考えすぎなくていい。まわりの人の力を取り入れてうまくいったら、それは全部君自身の実力だよ」

2代目、3代目の後継者に伝えたいこと

「例えば、まわりの人の力という意味だったら後継者にも当てはまりますよね。2代目や3代目っていくら成功したとしても、得てして『親の七光りだ』って言われることもありますが、それってどうなんでしょうか？」

「俺の考え方で言えば、親の力を利用できれば、それは全部その人の実力なんだよ。七光りなんて言葉はしょせんまわりの妬みややっかみ。そんなことは気にせずに使えるものは使って、お客さんを喜ばせることができる人が仕事力の高い人なんだ」

「なるほど、後継ぎとか創業者とか、お客さんには関係ないということですね」

「そう。せっかくあるものを使わずに、『先代のやり方はもう古い。自分は自分のやり方でやる』っていう後継者は多いけど、それなら最初から自分でやればいいんだよ」

「そう言われれば、そうかもしれませんね」

「確かに時代は変わるから先代のやり方というのは当然古くなるかもしれない。でも考えてみたら、その古いもののおかげで今の自分があるんだよね。そこを忘れたらうまくいかないよ」

古さを否定するのではなく、その古さのおかげで今の自分があると考える。なるほど。そう考えたら、今僕たちの生活を支えてくれているものも、すべて過去の人たちの土台のおかげで生まれてきたものということにあらためて気づかされる。

「そもそも親がつくった土台の上に立たせてもらっといて『親のやり方は納得いかない』なんてカッコつけるから失敗するんだ。『父ちゃんここまでありがとう。つくってきてくれたものをさらに発展させるからね』って言える人が後継者として成功できる人だな」


僕のまわりでも先代と戦う後継者は少なくない。

地元に帰ってから、悩んでうちの店に相談に来る後継者たちにこのことを伝えよう。僕はそう思った。

もちろん、自分たちの時代に合わせて変えるべきところは変えたほうがいい。しかし、だからと言って、それまで先人がつくってきたものをすべて否定する必要はない。

いい部分を残しながら、時代に合わせた新しさを生み出す。「不易流行」という考え方は、いつの時代でも大切な真理なのだろう。


「仕事力の高い人とは、まわりの人の知恵を素直に利用できる人。いろんな力を取り入れて、いい仕事をして評価をもらったほうが効率がいいのに、なぜ結果ではなく、やり方の部分で自分流にこだわるんでしょうか？」

「そこが一番覚えておくべき落とし穴なんだよ。それはね、名誉欲」

「名誉欲……」

「これが一番厄介なくせ者なんだよ」

名誉欲――。ここからまた師匠が、今まで誰も教えてくれなかった、自分の中のぼんやりした部分を言葉化してくれる。

僕の中で何とも言えないワクワク感、いやゾクゾク感がこみ上げてきた。

夢と見栄を混同してはいけない

名誉欲。ここからの話は、経営者だけでなく、起業したばかりの人、会社で上を目指しているサラリーマン、すべての人に当てはまる話なので、ぜひ自分ごとに照らし合わせながら読み進めてもらえたらと思う。

＊

「今日の朝、夢を無理に持たなくていいという話をしたよね」

「はい、おかげさまで心が軽くなりました。まずは夢ではなく、仕事においての『なぜ』を明確にします」

「それでいい。『なぜ』の部分がぶれなくなっていくにつれて、やがて君が本当にやりたかったことが見えてくるよ。私が夢ってものをあまり推奨しないのは、もう一つ理由がある。それは、若い頃は特に、夢が見栄に変わりやすいからなんだよ」

「先ほど言われた名誉欲が出てくるってことですか？」

「そのとおりだ。名誉欲ばかりを追いかけるようになると、それまでうまくいっていたものを台無しにしてしまうケースがあまりにも多いんだよ」

「詳しくお願いします」

「うん。例えば、君は飲食店をやっているよね」

「はい」

「事業がうまくいくと、まわりがどんどん君のことを乗せてくる。『社長、すごいですね』とか、『この店だったら、どこでも通用します。全国展開しましょう』ってね」

師匠は、何かの遠隔装置で僕のことを見ているんだろうか？

実はこの頃、陽な家のバースデーイベントが右肩上がりで伸び始め、そういった言葉が僕のところにたくさん集まってきていた。

そのことを伝えると、師匠は「そんなこと、すでに全部理解しているよ」と言わんばかりに続けた。

「それがひっかけ問題なんだよ。『どんな甘い誘惑がきても、あなたは目の前のやるべきことに集中できますか？』っていう試験みたいなもの。でもね、ほとんどの人がこの試験でミスをする。多くの場合、『もっとすごいことをするんだ』って宣言しがちになる。だって、褒められてチヤホヤされると気持ちいいからね」

はい。すでに気持ち良くなっています。だって、そんなにまわりから褒められたことはありませんから。心の中で僕はそうつぶやいていた。

「そうなるとね、多くの経営者がわけのわからない大きなことを言い出すんだよ。『俺たちは3年以内に全国に100店舗出店して、日本の飲食店に革命を起こすんだ』ってたぐいの宣言とか」

この話があまりにも自分に当てはまりすぎて、僕はだんだん師匠の話に対して相《あい》槌《づち》を打てなくなってきていた。

「名誉欲に負けて、地に足のつかない大きなことを言い出すんじゃないよ。あくまで一歩一歩だよ。無理に拡大なんかする必要はない。そんなことをしなくたって、本当に人から必要とされるものができたときは、いくらブレーキをかけても大きくなるんだから」

「すごいと言われたい」という地獄

「この名誉欲にちなんだ話なんだけどね、あの世だけじゃなくて、この世にも実は地獄があるんだよ。そして生きながら多くの人が気づかぬうちに、この地獄で生きている。それをね、『すごいと言われたい地獄』って呼ぶんだよ」

「『すごいと言われたい地獄』？」

いろいろ考えてみたが、よくわからない。

「人からもっと『すごい』と言われたいがために、物や地位に固執する地獄。『すごい』を目指して転落する地獄のこと。この地獄は至るところにあるんだよ」

「あ、そういう意味なんですね。わかりました」

「例えば、クルーザーを持っていたらすごい、もっとすごいクルマがほしい、もっと有名になってすごいって言われたい、ってやつ。思い当たることはないかい？」

たくさんある。この話を聞いている２００６年は、ちょうど飲食の事業も軌道に乗った頃なので、「そろそろいい車でも乗ろうかな」と思っていたところだった。

特にほしい車があったわけではないが、それに乗っている姿をまわりの人に見せて「すごい」と言われている自分を想像していたので、とってもグサッときた。

そのことを正直に師匠に伝えた。

「高級車を買ったらダメなんじゃないんだよ。もちろん、そうした車は乗り心地もいいし、安全性も高い。そのためならいいんだけど、そうじゃなくて、人に自慢するために買うんだったら、やめておいたほうがいいと思うよ」

「買うの、やめときます」

「あはは。まだ確かに早いかもしれないね。まだ仕事でお金を使うべきところは他にもいくらでもあるだろうからね。いいかい、世の中で『すごい』と言われるものにあまり価値を置いちゃいけないよ。それが『すごいと言われたい地獄』の入り口なんだ」

このとき僕は何の疑いもなくその入り口に立っていた。いや、すでに入っていた。この言葉を聞かなかったら、完全にその世界の住人になっていたはずだ。

名誉欲に負けて大切なものを見失ってはいないか?

「特に若い頃ってのは、なまじっか仕事がうまくいくと、さらに大きくしようとして、右にならえで、なんとか経営会みたいなのにたくさん入ったり、人脈づくりのためにゴルフに夢中になって、本業を忘れる人が多い。そして一番大切なスタッフやお客さんのことを忘れちゃうんだよ」

そういったお誘いをいただき、入会を考えようかなと思っていた矢先だったので、僕は心が痛くなってきた。

「どれだけ仕事がうまくいったとしてもね、考えなくちゃいけないのは、どうしたらもっと目の前のお客さんに喜んでもらえるかってこと。それだけ考えていればいいんだよ。だって、お客さんがもっと喜んだら、もっともっと来てくれるんだよ。だから、経営者は、スタッフたちが満足して働いてくれて、もっとお客さんが喜んでくれることだけに集中すればいいの」

「シンプルですね」

「そう、シンプルなんだよ。名誉欲に負けずにそういう発想で生きたら、誰もがシンプルに生きられる。だって、学校の先生にとっちゃ、生徒が何より大切なお客さんだよな。その子たちが本当に喜ぶにはどうしたらいいかを考えればいい。政治家にとっちゃ、税金を払ってくれる国民だよ。それをどう幸せにしたらいいか、そこだけに集中すればいい」

「こんな話を聞けることはめったにないので、そこが見えなくなっても仕方ないかもしれません」

「だから私は、本や講演を通して、『人間って、大きなことを狙っちゃいけないよ』って言ってるんだよ。大きなことをしようとすると、そういう世間に嫌われるようなことを平気でしちゃうの。それより、小さいことのために、どのくらいベストを尽くせるかなんだよ」

「例えば、どんなことですかね」

「それは、今自分にできることしかないよな。できないことをやろうとする人もいるけど、それって苦しいし、第一、できないよね」

「僕はいつもそこに挑戦してくじけています」

「大きなことをしようとするからなんだよ。大切なのは、大きくすることより続けること。だから、今できることだけに集中する。そうすると、できないことでも、だんだんできるようになっていくから。わかったかい？」

「すごい」に固執した人の落とし穴

すごいと言われたい地獄――。

なんか聞いていておもしろくなったので、他のケースも聞いてみることにした。

「他にはどんなケースがありますか？」

「うーん、例えばね、『君こそ我が町のエースだ。ついては○○会に入って、地域のために貢献してくれないか？』って言われ、事業と関係ない活動に一生懸命になる。当然、現場にほとんど顔を出さなくなる」

「めっちゃ、あるあるですね」

「他には実態のよくわからない利回りが異常に高い投資話の誘いとかもあるかもね」

「師匠、ハマらないように気をつけるので、もっとお願いします」

「わかりやすいものとしたら、会社で言えば、部下がそれまでになく持ち上げてくるようになったり、飲み屋で女性にチヤホヤされるようになる。そして、シャンパンを入れまくる。でもそれって、尊敬しているんじゃなくて、その先にある自分の出世やお金に集まってきているだけなんだよ」

なんか笑えてきた。

「そしてね、その地獄の住人は、人への向き合い方にも顕著に現れる」

師匠は続けた。

「どんなふうになるんでしょうか？」

「自分の得になる人にはせっせと寄っていくけど、そうじゃない人に対しては扱いがわかりやすく雑になる。そして、本当に大切な人たちが静かに去っていくんだけど、多くの場合、気づいたときには時すでに遅しなんだよ」

いる。そういう人。そうならないように、自分も気をつけなければ。

うまくいったときの予習をしておきましょう

「いろいろ例を挙げたけど、この中のいずれか一つでも当てはまっているときは、その人はすでに名誉欲の試験に落ちたんだと思えばいい。その状態で語っていることは、いくらすごそうに見えたとしても、夢じゃなくて見栄なんだよ」

夢じゃなくて見栄。確かに混同しがちかもしれない。その言葉がグサッと来た。

「特に若い頃は、そんなことに熱を上げて語っている暇なんてないよ。それよりも、いかにお客さんを喜ばせて、社員や部下たちを幸せにするか、そこに集中すべきなのに、大多数の人が落第して痛い目を見る」

「でも、なんで人はそんなに名誉欲に負けてしまうんでしょうか？」

「それはね、予習不足なんだよ」

「予習ですか？」

「そう。例えば、試験を受けるときに予習をしていれば、『あ、このひっかけ問題が出た』ってわかるよね」

「はい、引っかからずに済みますね」

「それと同じなんだよ。**『今やっている仕事がうまくいき始めると、必ずそういった誘いが来るものなんだ』**って、初めから知っておけば、**その落とし穴にハマらずに済む。逆に、そういう誘いが増えたときは、『仕事が順調に伸びているんだな』と自信の糧にして、さらにお客さんやスタッフたちが喜ぶことを考えればいい。**ったそれだけのことだよ」

「なるほど、先に教えてくださってありがとうございます」

「いいかい、うまくいっても威張るんじゃないよ。やがて君は必ずうまくいく。するとね、まわりの反応が必ず変わる。悪気なく、君をチヤホヤし始める。そのときに、今と変わらず目の前にあることに集中していればいいんだよ。いくら立場が変わっても、今と変わらなければ、それだけで『あの人は出世したのに、変わらなくて偉いね』って人から尊敬されるんだよ。簡単なんだよ」

「心得ます」

「人に対して今のままの気さくな君でいるんだよ。その上で、仕事の結果だけを向上させる。そうすれば、その開きが大きくなればなるほど、ギャップが出て魅力が上がる」

「はい。将来のためにもっともっと話を聞かせてください」

「その前にちょっと休憩して何かつまもうか。お腹が空いてないかい？」

「はい、頭を使ったので少しお腹が空きました」

「そうか、じゃあ、冷蔵庫から何か持ってきてもらおうね」

そう言って、師匠は事務所にいたスタッフに「冷蔵庫」からおやつを持ってくるように頼んだ。

世の中のお店は、全部自分のためにある⁉

この「冷蔵庫」の存在を初めて知ったとき、僕は衝撃を受けた。

それは２００５年の夏、初めて師匠の事務所を訪ねたときのことだった。

「九州からよく来たなあ。遠かっただろ。まずは、何か食べるものと冷たい飲み物を冷蔵庫から出してあげて」

声をかけられた事務員さんが、元気よく「ハイ」と答えて建物を出て行く。

「あの、他にも社屋があるんですか」

「ないよ。なんで？」

「だって、今、従業員の方が外へ出ていったみたいなので」

「ああ、あれね。ここには冷蔵庫がないの。道の向かいにとても大きな冷蔵庫があるんだよ」

「向かいに、ですか？」

「うん。向かいにコンビニがあったろ。あれがうちの冷蔵庫」

そうか。日本一の大商人だったらコンビニの一軒や二軒持っていてもおかしくないな。そう思って聞いたら、経営者はまったく知らない人だと言う。

「冷蔵庫って、自分で持ったら不便なんだよ。どんなに大きな最新型を買っても、入れたいものがみんなしまえるわけじゃないから。必ず入らないものが出てくる。でも、コンビニくらいの大きな冷蔵庫なら、何でもあるよ。だから、ここには冷蔵庫がないの」

「はあ……」

「だって、私たちのために、人が建物や冷蔵庫や商品を管理してくれる。私たちはそこでお金を払うだけ。ということは、日本中の商売は全部自分のために準備してくれてるんだってことになるよね。そう考えたら、豊かじゃないか？」

冷蔵庫も持たない億万長者。

持つことに、ちっともこだわらない大金持ち。

僕は、このとき、師匠の本当のすごさに初めて触れた気がした。決して大げさではなく、心が震えた。この人の話を、そして考え方を、もっと聞きたい、そう思った。

「総理大臣も芸能人も無名の若者もみんな対等」という価値観

そのときのことを思い出しながら、僕は「冷蔵庫」から持ってきてもらったケーキとお茶をいただいた。

「コンビニのデザートってうまいよな」

「はい、師匠から御馳走してもらったものなので、特にうまいです」

「君みたいにね、こうして一緒におやつを食べるだけで喜んでくれるって、とてもうれしいことだよ」

「師匠みたいな有名な方が、僕みたいな若造にこんなによくしてくださって本当にありがとうございます」

「何言ってるんだよ。そもそも若者でも有名人でも、それがどんな人であれ、私は人が大好きだし、人というものはみんな同じなんだって思ってるんだよね」

「どんな人でもですか？」

「うん。例えば、**あの人は地位があるとか、有名だとか、すごく偉い人だとか言っても、私にとっては同じ人間なんだよ。**一人の人間で百とか千とかっていうのはないんだ。どんな人でも喜んでくれれば、同じなんだよ」

師匠のこの言葉は本当だ。その人が有名だとか無名だとか、そんなことは師匠の中ではほとんど興味がない。

海辺にドライブに行くと、田舎の漁師町のおじさんやおばさんともすごく仲良くなって、何時間でも話を聞いていたりするし、とんでもない有名人との対談を軽く蹴って、僕のために時間をつくってくれたりする。

正直、こんな人が世の中にいるとは思っていなかった。

しかし、それが師匠の素のままの姿なのだ。

「よく『総理大臣や芸能人とお知り合いなんてすごいですね』っていう人もいるけど、私はそこに価値を感じない。別に文句言ってるわけじゃないよ。それが好きな人はそれでいい。ただ、私にとってそんなことはそれほど重要なことじゃない。これが私の価値観であり、生き方なんだよ」

「僕のような何の地位もない若者としてはとてもありがたいです。でも、世の中で師匠のような考え方をされる人は少ないですよね」

「人を同等に見られないって寂しいことだよ。私はチェーン店を100軒経営しているって人に会うと『あぁ、そういうのが得意で好きなんですね』って思うだけ。別にそれだけ。店がたとえ1店舗であっても、お客さんに長年支持されていれば、それは100店舗に負けないくらいすごいことだよ」

「商いは飽きない」の意味を間違えるな

「自分も含めてですが、なんでリーダーって、そうまでして規模を拡大しようとするんでしょうか？　大きさに対する憧れですかね？」

「それもあるけど、**たぶん原因は『飽き』だな。特に起業家なんかの自分で何かを始めようっていうタイプは、一つうまくいくと、それを伸ばすことより、すぐに次をつくりたくなっちゃうんだよ。**ゼロからイチを生み出すことが得意な人間の性《さが》みたいなもんだな。同じことをしていると、飽きちゃうんだよ」

きた。新しい角度の目線。僕はわかったように言ってみた。

「それはダメですね。先日ある本を読んだんです」

「ん？　どんな本？」

「ある事業家の本にこう書いてあったんです。仕事に完成はない。時代に合わせて変え続けることが大切なんだ。商いは『飽きない』ことが大切なんだって」

ふふふ。我ながらいいことを言った。「そうだよ、そのとおりなんだ」って褒められるはず。僕はそう思っていた。


「それはもっともらしいけど、私の意見は違うな」

ガクッ。もういいや。慣れた。黙って聞こう。

「あのね、単純に言うと、主語が違うんだよ」

「主語ですか？」

「そう。この言葉で言うと、たぶん主語は売る側だよね。自分が飽きないことが商いだって言っていると思うんだよ」

「はい、そのとおりだと思います」

「この言葉の本意は違う。商いの主語はあくまでお客さんなんだよ。お客さんが飽きないことが本当の商いなんだよ。自分が飽きるかどうかは関係ないの。いくら自分が飽きていたって、お客さんが飽きてなかったらそれを売り続けることが大切だし、いくら自分が飽きてなくても、お客さんが飽きていたらそれはもう商いにはならない」

あくまでお客さんが軸。ここは師匠の変わらない商売哲学だ。そう考えたら、この言葉にはまったく反論の余地はない。

「黄金のワンパターンっていう言葉を知ってるかい？」

「いえ、初めて聞きました」

「人ってね、変化がないと飽きる一面を持っているんだけど、その反面で『ここは変えられたら嫌だ』っていう側面もあるんだよ」

「どういうことでしょうか？」

「水戸黄門、知ってるよね？」

「もちろんです」

平成後期生まれの人には馴染みがないかもしれないが、日本を代表する時代劇なので、あえて説明は割愛させてもらう。

「水戸黄門って、夜の8時から始まるんだけど、悪役を懲らしめるために、だいたいにおいて8時45分前後に助さんと角さんが印籠を出すんだよ。ほぼそのワンパターン」

「はい、それが鉄板ですね」

「もし脚本家がそのワンパターンに飽きちゃって、最後まで印籠を出さずに終わったらどうなる？」

「それは、悪役にいじめられている人がかわいそうすぎて、イラッとします」

「だよね。それと同じでお客さんにも変えてほしくないところってあるんだよ」

黄金のワンパターン。飽き性の僕には、けっこうハードルが高かった。

拡大する生き方、シェアする生き方

「あの、僕、飽き性なんですがどうすればいいでしょうか？」

「飽き性でも成功できるよ。それはね、黄金のワンパターンをつくったあと、それを人に分け与えればいいんだよ」

「分け与える？」

「そう。私はね、君のいいところは、いいものを惜しみなく人にシェアすることだと思ってる」

あ、なんかうれしい。師匠から見て、僕にでもいいところがあるんだ。僕は素直にその言葉を受け取り、心の中で喜んだ。

「いつもやってる一問一答会もそう。あれも君自身が聞いて役に立ったから、まわりの人にもシェアしたくて彼らの質問を集めてるんだよね?」

「はい、みんなすごく喜んでくれるので」

「その心の豊かさが君の良さ。普通はそう考えないんだよ。『師匠の話は自分だけの宝』って独り占めする人って少なくない。そう考えたら、君は天然で豊かなところがある。そして、それは間違いなく君の強みだ」

「ありがとうございます」

「だからね、私は、君は一つの事業を100店舗にするより、一つの成功の型をつくって、それをシェアしていきながら、一人でも多くの起業家を育てるほうが向いてるんじゃないかなと思うんだよ」

先が見えなかった当時の僕にとって、この言葉をきっかけに、このときボヤッとだが、「そんな人生、いいな」と思えた。

「会社を大きくすることだけが幸せじゃないよ。世の中の役に立つ起業家、つまり

社長を育てるのも、とても素敵な生き方だと思う。それにね、この分野は需要があるよ。ここからの時代、これまで隆盛を誇っていた既存の大企業の体力も落ちていくし、起業したい人は必ず増えていくから。それに、人には十人十色、百人百様のさまざまな性格がある。そう考えたとき、それに合わせて人を育てるのはワンパターンではないから、飽きがこないかもね」

「なんかその進み方、すごくいいかもです。しっくりきます」

実は師匠のこの言葉をきっかけに、僕は会社名を「(株) 陽なた家ファミリー」から「(株) 人財育成JAPAN」に変更した。

そして、自分で店を増やし続けるのではなく、ある程度のところで店長たちに経営権をすべて譲るか、もしくは独立を支援することにし、その計画どおりにした。おかげで今、僕の会社から生まれた社長たちが店舗を増やし、彼らの総店舗数は右肩上がりに増えている。

これは、僕がずっと彼らの社長だったら絶対に無理だった気がする。

「大きくするのではなく、それをシェアする道もある」
「自分の経験をもとに、次世代の人材を育てるという仕事もある」

ここから数年後、師匠のこの言葉が大きなヒントになり、僕は新しい道を見つけることになる。

僕が本を書く仕事を選んだ理由

これまで読んでいただいておわかりのとおり、僕は人生の岐路で、いつも師匠の言葉が道標《みちしるべ》になってくれた。

僕自身、これまであまり褒められるようなことはやってきてはいないし、たくさんの間違いをおかしてきた。しかし、あえて今、手前味噌ではあるが、僕は「我を通さずに、師匠の言うことを聞いたことだけは偉かった」とかつての自分を褒めたい。

ちょっと時系列がずれるが、師匠のもとに通い始めてから5年が経った２０１０年、その時点でも特にやりたいことが見つからずに、僕はとりあえず目の前のことだけをひたすらにやっていた。

事業としては、ちょっとずつ店舗の増えていく飲食店の経営と、時々呼ばれる講演をこなしている生活が続いていた。そんなある日、僕は、人からの紹介で出版の依頼をもらった。

この本は、それまで納税日本一の師匠から教えてもらったことを世の中に伝えるという趣旨の企画だった。

苦労しながらも、それまでに師匠にもらった膨大な教えの音声をテープ起こしし、なんとか書き上げた。確認のためにその原稿を見てもらったとき、師匠から思わぬ言葉をもらった。

「君の原稿を読んでやっとわかったことがある」

「と言われますと……？」

「君の進むべき道は本だ。この本は、確実に10万部は超えるぞ」

「じゅ、10万部ですか⁉」

「うん。もしこの本がベストセラーになったら、真剣に執筆家としての仕事を始めるつもりはないかい？」

執筆家？　マジで？　僕、飲食店経営者なんですけど……。

そう思ったが、あえてそれは言葉にはしなかった。伝えるという意味では、すでにやっている講演も同じ分野だからだ。

「師匠、お言葉はとてもありがたいんですが、一冊にエネルギーをかけすぎて、もう書けそうにないです」

「それは慣れだよ。絶対に書ける」

正直、まったくその自信はなかった。

「もしここから先、本を書き続けることができれば、君はこの道で日本一になれるよ」

「に、日本一ですか⁉」

「うん。必ずなれる。私にはわかる。ここから本格的に本を書き続けていけば、10年後に出版業界で日本の頂点を取れるポテンシャルがある」

師匠が何を言っているのか、意味がまったくわからなかった。

「私も本を書いているからその力量がわかる。出版の分野なら、私のやってきたことをすべて君に託せる」


大実業家であり、大ベストセラー作家である師匠からそう言ってもらえるのは、本当にうれしい。ただ正直、この時点で自分が執筆家業という分野に足を踏み入れることなど、まったく考えてはいなかった。

しかし、この本は師匠の予想どおり、いきなり10万部を超えるベストセラーになった。うれしいを通り越して、僕はただ驚いていた。想像をはるかに超えるその意外な結果に呆気《あっけ》にとられ、困惑している僕に師匠はこう話してくれた。

それが行くべき道ならば自然と開ける

2010年、本格的に書いた一冊目の本、そのタイトルは『道は開ける』。ありがたいことに、師匠の名前を冠としていただいた。

師匠の予測どおりこの本が10万部を突破し、あらためて報告に行ったある日、師匠からこんなことを教えてもらった。

「この『道は開ける』っていう言葉ね、本当はもうちょっと正しい表現があるんだよ」

「どういう表現でしょうか？」

「もちろん、やり方次第で道は開けるよ。でもね、もっと正確に言えば『道ならば開ける』なんだよ」

「それが自分の進むべき道ならば、ということですか？」

「そう。不思議なものでね、本来自分が進むべき道ならば、なぜか最初からスーッと流れるようにうまくいくんだよ。まるで何かの見えない力に導かれるようにね」

「師匠から見て、僕にとってはその道が出版ということですか？」

「そう。この『道ならば開ける』って言葉はね、店や事業でも同じことが言える。たいがいにおいて、うまくいく店は最初からなんの抵抗もなくお客さんが集まる。逆に、苦労する店は最初から最後まで苦労が絶えない」

これは今になってとてもよくわかる。これまでたくさんの店や事業をやってきたし、本も書いてきた。その中で、途中からグッと伸びたものは少ない。うまくいったものは最初からなぜか売れたし、人が集まった。

人が天職にたどり着くパターンと順番

「人ってね、えてしてみんな自分のやりたいことに進みたがる。そして、まわりも言うんだよ。『やりたいことをやりなさい』ってね」

「はい、僕も人にそう伝えています」

「ただ、その人が失敗しても、責任は取らないよね」

「はい、それはその人の人生なので」

「ってことは、結構その言葉もいい加減な言葉ということになる」

そのとおりかもしれない。やりたいことをやればいい。この考え方は捉え方によってては、ある意味、無責任な言葉とも言える。

「やりたいことがあるなら、やればいい。でも、もしやりたいことがなかったら、信頼できる人からすすめられたことをやってみるのも一つの方法だよ。そしてね、実はやりたいことより、人から『これをやったらうまくいくよ』と言われることのほうが成功確率が高いんだよ。自分のことって実は一番自分がわからないものだから」

師匠は、こうも伝えてくれた。そして今、僕がこの言葉を人に伝えるようになった。

「あのね、**仕事においてうまくいくタネってのは、往々にして『自分は呼吸するようにできることなんだけど、人からは驚かれること』の中にある**んだよ。例えば、毎日日記を書いたり、どんなときも早起きできたり、仕事においてもやればなんの苦労もなくできること。そういう分野に関しては、『なんでそんなことができるんですか？』って、人が興味津々で聞いてくる。そこを極めれば、必ず自分の武器になる」

今、僕はこうして本を書いていることもあり「どうすれば、文章が書けるようになるんですか？」と人からよく聞かれる。しかし、どうすればいいかはよくわからない。なんとなく思ったことを書いているだけだから。

ただ、これが師匠の言う「進むべき道」だったんだな、と今になってわかる。

「天職ってあるよね。誰もがこれに出会いたがる」

「はい、出会いたいですね。天職につけることは、とても幸せなことだと思います」

「多くの場合、それってやりたいことより、人から無理やりやらされたことで始まるんだよ。いやいやでやらされるけど、やってみるとスムーズにいく。本人は驚く。そして、やっていくうちにハマっていく。天職にたどり着くパターンは、この進み方が一番多い」

「ということは、やはり天職への扉は、いつも目の前にあるっていうことですか？」

「そう、やっとわかったかい。『やりたいと思うことより、まずは目の前にあることを一生懸命やりな』って、私が君にずっと伝え続けてきた意味が」

「少しずつ見えてきた気がします」

「問題は、人からすすめられたこと、頼まれたことをふてくされずに、手を抜かずに、我を抜いて、一生懸命やれるかどうかなんだよ。そうすれば、目の前の扉がどんどん開いていく。そして、その向こうに本当に自分がやりたかったことが、君を待っている」

「扉に気づく方法はありますか？」

「あるよ。まず第一に、その分野で頼まれごとが増えていく。それが扉。これに対して『必ず期待以上で返すんだ』っていう気持ちで取り組むんだよ」

なるほど、教えられたことのすべてがつながっていく。

「チャンスは自分でつかむように思っている人が多いけど、本当のチャンスって、人が運んでくるんだよ。それに気づくかどうかだけ」

「師匠」

「ん?」

「僕、出版がんばってみます。もちろん、今やっている飲食と講演の事業に並列してですが」

「うん、それでいい。そのうち、出版の仕事が君の事業の中で頭抜けてくるよ。これは予言しとく」

そう言って師匠は笑った。

出版を突き詰めていくうちに開いた新たな扉

この言葉から13年経った2023年。

師匠の言葉どおり、僕は出版という世界の住人になった。

そして、頼まれた企画を一冊ずつ形にして出し続けていくうちに、最近、また次の扉が開いた。

それは著者のプロデュース。まわりの著者の本のきっかけづくりからお手伝いをする仕事だ。

これも、新人著者からの相談を受け、彼らの出版を手伝っているうちに、その工程がどんどんおもしろくなっていき、いつからか僕のもう一つの事業になった。

2023年は、気づけば10冊の新人の本を世の中に出すことができ、その中から映像化のオファーをいただく作品が生まれたり、5万部を超えるベストセラーも数冊生まれた。

続く2024年、2025年もたくさんの新人の出版がすでに決まっている。

「自分で事業を大きくする方法もあるけど、うまくいく仕組みをつくって、たくさんの人材を輩出する道もある」

師匠の教えどおりにやっていったおかげで、飲食部門での社長育成は無事うまくいった。

今の僕の立場から考えたとき、ここからの次世代という意味では、その対象は新人著者ということになる。

飲食で育った社長たちが店を増やしていったように、いい著者が生まれれば、次々といい本が世の中に送り出されることになる。

こうして、自分の本と人の本をただひたすらつくり続けていくうちに、僕の仕事をする意味が自然と見えてきて、そして言葉になった。

それは、**「本の力で日本を元気にする」**ということ。

これも、すべては師匠の教えてくれたことが原点となっている、ということはおわかりいただけると思う。

そしてもう一つ、たとえ今の時点で夢を持てなくても、やりたいことがわからなくても、今の仕事に意味を見つけて目の前のことをやっていけば、必ず想像を超えた未来がやってくる——。

師匠が教えてくれた、**「世間一般で言われる夢型成功法則の陰に隠れている、この展開型の成功法則を、本や講演を通して一人でも多くの人に伝えていく」**ということ。

これも目の前のことを一歩ずつ歩いていくうちに自然と見つかった、僕が働く意味の一つだ。

最終章

君はなぜ働くのか

多くの人が夢を持てない時代的背景

師匠の講義に夢中になり、気がつけば夕方の5時。まだ日が落ちるのが早い3月ということもある上に、東京は九州に比べて1時間近く日の入りが早い。それがなおさら、時間の流れの速さを僕に感じさせた。

「今日戻るんだろ？　飛行機の時間は何時だい？」
「最終便なので20時です」
「そうか。じゃあ、まとめに入ろうね」

朝イチの便で東京に飛ぶときはワクワクでいっぱいなのだが、毎回この時間になると寂しさがやってくる。

しかし、師匠は、講義の最後の締めとなるこの時間に、一番大切な部分を教えてくれることはわかっている。集中しなければ……！　ICレコーダーを入れ、ノートにメモを取る準備をした。

「今日は、なぜ働くかについて君に話してきた。夢よりも『なぜ』、つまり意味を見つけることが大切なんだって話をしたよね。駆け足だったけど、理解できたかい？」

「はい、あとは、やりながら体感していくことが大切なんですよね」

「そう。今の時点ではまだ頭の理解だけど、ここからいろんな経験をしていくうちに、私の伝えることが心で理解できるようになるよ」

「がんばります」

「力まなくていい。ゆっくりでいいんだ。いつか必ずわかるときが来るから」

「はい、ありがとうございます」

「さて、また夢の話に戻るけど、今、なんで夢を持つ人が少なくなっているか、わかるかい？」

夢が見つからない理由……。そこまでは考えたことがなかった。

「それは、困ってないからだよ」

「困っていない？」

「そう。夢とかやりたいことってね、多くの場合、足りない何かがあるときに生まれるんだよ。でも、今はまわりになんでもあるから、夢ややりたいことがなくても、それほど困らない。それが、多くの人がやりたいことが見つからない一つ目の理由」

「小さい頃にはもっと無邪気で簡単に夢が持てたんですが……」

「子供の頃の夢は、大人になってからの夢と違うんだよ。大人になってからの夢って、ある程度の実現性を考えるようになっちゃうから、子供の頃より難しくなる」

「なるほど。確かにそうかもしれません」

夢を持ちにくい時代に生まれて

「繰り返しになるけどね、**夢が生まれるときってのは困りごと、つまり、ある程度の飢えが必要になる**」

「具体的に言うと、どういうことでしょうか？」

「君が生まれる何十年か前、ちょうど私が生まれた頃は終戦後だから、焼け野原状態で、日本にまったく物資がなかった。要はみんなが困っていたんだよ。だから、夢を持った。まずは、お腹いっぱい白いご飯が食べたいっていうシンプルなもの」

「そんな時代だったんですね。僕には想像がつきませんが」

「それは仕方ないよね。その時代を生きてないんだから」

「師匠が苦しかった頃も、そうだったんですか？」

「私たちは、空腹が満たされた次の世代だな。おいしいものが食べたい、それが満たされると、次は、世の中がみんないい生活を目指すようになった。車とか、洗濯機とか、カラーテレビとか、ね」

「それが次の段階なんですね」

「そして、日本はバブルが崩壊するまで伸び続けた。この頃まではわかりやすく『ものを手に入れる』っていう、一つの目標に日本人全体が向かっていたから、誰でも夢が持ちやすかったんだよ。君は、バブルが弾けた1991年は何やってた？」

「高校生でした」

「なるほど。じゃあ、君はもう高校生の頃に世の中が完成して、すでに満たされたんだな」

「はい、そこから失われた15年（これは2006年当時だったので、今は失われた30年と呼ばれる）、僕が就職して起業したころになります。就職活動の時期は、戦後最大の就職氷河期、そして、起業した2001年は平成の大不況の時代でした。ただ、僕はたこ焼き屋を始めるまでは夢があったので、幸せだったのかもしれません」

「確かにね。でも、その夢を持った理由を以前に聞いたけど、『早く大人になりたい』いう飢えがあったから生まれたんだよね」

「はい。当時、僕のまわりの大人は楽しそうで、自分は子供で不自由。だから早く大人になりたい、自分で商売がしたい、そう思ってました」

「それでも君は特別なほうだよ。普通はそんな夢を持つ若者は少ないよ。だって、困ってないから」

そう言われれば、僕のまわりにそんな明確な夢を持ち追いかけている人間はそんなに多くはなかったような気がする。

師匠は続けた。

「正直ね、若い人たちが昔のように明確な夢を持つには、一度日本がぶっ壊れて、みんなが困った状態にならないと無理かもしれない。それくらい世の中が便利になりすぎたんだよ」

「それはちょっと現実味がないですね」

「だろ。だからね、今の時代は無理やり夢を探すより、目の前にある仕事に使命感を持って向き合うことのほうが、現実的な成功論なんだよ。だから私は、遠くの夢よりも、目の前にある仕事への向き合い方を磨いたほうが、人は成功できるって君に伝えたんだよ」

目標より目的を深めたほうがうまくいく2つの理由

「他にも理由はありますか？」

「うん、ある。夢ってね、叶っちゃうと、燃え尽き症候群になりやすいんだよ」

僕もそうだった。たこ焼き屋になるまでは夢に向かって突っ走ったが、たこ焼き屋になった瞬間、燃え尽きた。夢を叶えたあとの、その次の夢をまったく考えていなかったからだ。

「夢や目標ってね、ゴールしたら終わる。でも目的、つまり『なぜ』の追求には終わりがない。目的は、次やることへの集中を生み出すんだよ」

そうか。だから師匠は「なぜ」を明確にするように伝えてくれたんだ。今日一日の話が、あらためてじわじわと心に効いてきた。

「他にも理由を挙げようね。それはね、夢にこだわりすぎると、本当のチャンスを見落とす可能性が高くなる。特に若ければ若いほど」

「どういうことでしょうか？」

「例えば、やりたいことを一つに絞ったとする。そうすると一見、その夢に関係のないことは無駄なことに思えてくるようになる」

「なるほど、それはわかる気がします」

「でも、人生ってどんなチャンスが隠されているかわからないよ。まったく夢に直結しないように見えることが、実は夢への一番の近道だったりすることは少なくない」

「だから今日、師匠は僕に『夢がない？　そうか、良かったなあ』って言ってくれたんですね」

「そう、最初はポカンとしてたね」

「はい、めちゃくちゃ驚きました」

「冗談で言ったんじゃないよ。まだ明確な夢を持っていないことで、ここから先、君がたくさんのチャンスをつかめることがうれしかったんだよ」


目的、「なぜ」の追求は、自分の仕事に集中を生む。

いろんな挑戦ができて、チャンスをたくさんつかみやすくなる。

僕はノートに一つずつメモをしていった。

「仕事ってね、一つひとつレンガを積み上げていくのと同じなんだよ。時には、すごく地味に感じたり、飽きたりもする。その折れかけた心を支えてくれるのが『なぜ』の力なんだよ」

君はなぜ働くのか？

師匠から朝言われた言葉を頭の中であらためて反芻《はんすう》する。

「今、目の前の仕事、目の前の仕事相手に意味を持って向き合う。そうすることで人はやがて高みへ登っていく。そして、できることが増えていくんだよ。もしかすると、君がひたむきに誰かを喜ばせようとするその姿を見た人が、また新しい世界に君を導いてくれるかもしれない。シンプルな言い方だけど、がんばっている人を誰かが必ず見てる。君がやってきた仕事は、君を裏切らないよ」

「遠くより今を、しっかり見つめます」

人生を旅行にするか、冒険にするか

「今、目の前のことを真剣にやると、新しい扉が開くって言ったよね」

「はい、今日何度も言われましたね」

「それって、とても人生が楽しくなる生き方なんだよ」

「なぜでしょう?」

「先がわからないほうが人生は冒険になる」

「冒険。なんかそれ、ワクワクします」

師匠はこう言った。

夢は、計画を立てて一つずつ目標地点をクリアしていくこと。例えば、ヨーロッパに旅行に行くというのは、計画を立てて、それを一つずつ実行していけば、ヨーロッパに着く。これは旅行だ、と。

でも、展開型の生き方は、どこに行き着くのかわからない。

ヨーロッパを目指していたら、なぜかハワイにいたなんてことも起こり得る。

出会う人で行き先はまったく変わるが、そのほうが冒険で楽しい。

とてもおもしろい表現だ。

そして僕は旅行より冒険のほうが性に合っている。

「目の前にある扉が開いた先にある未来、僕、そのほうがワクワクします」

「だろ。旅行より冒険のほうがよっぽど面白い。未来をガチガチに決めてひたすら計画どおりに進もうとする生き方より、先はわからなくても、目の前の困難やピンチを楽しみながら越えていこうとする生き方のほうが、人生の密度は濃くなるよ。だから、将来どうなりたいかなんて、そんなに真剣に考えなくてもいいって伝えてきたんだよ。私はそう思っている」

未来より、今。一年先より明日。そして、明日より今日。

できる限りスパンが短いほうが、集中力とエネルギーが湧いてくる。僕はこの瞬間、瞬間を全力で生きたい。師匠にそう伝えた。

「そう。今を楽しむ力が一番自分を強くする。例えば、今の仕事がおもしろくないとする。でも、それをどうやったらおもしろくできるのかを考えて、実際に楽しく転換させることができれば、君は何をやっても楽しい人生を送ることができるよ」

「その転換するための自分への問いが……」

「そう、もうわかってるよね」

「『なぜ』、つまり、やっていることの意味を考えることなんですね」

師匠はニコッと笑ってうなずいた。

人生に期日を決めるな

「最後にもう一つ、君に伝えたいことがある。それは、人生に期日を決めないということ」

「期日ですか？」

「そう。例えば、何年で会社をこの規模にするとか、何歳までにこれをやるとかを無理に決めないということ」

「夢だけじゃなくて、期日もいらないんですか？　それは意外です」

「あのね、ここも大切なところだから覚えておくといい。桜っていつ咲く？」

「春です」

「だよね。じゃあ、米の収穫は？」

「秋ですね」

「人生もそれと同じなんだよ。自分がいつ咲くのかは、天が決める。期日を決めるってことは、その時期を自分でコントロールするってことだよね。そうなると、桜の木にビニールハウスをかぶせて無理やり咲かせようとしたり、まだ稲が育っていないのに稲刈りをしようとしてしまう。でも、桜も米も、時期が来たら勝手に実がなるんだよ。人生もそれと同じで、やるべきことをちゃんとやっていれば、必ず機が熟すときが来る」

「機が熟す。時期は天任せ、ということですか？」

「そう。ただ、それも寝て待っていたって、いつまで経っても機は熟さない。私たち人間がやるべきこと、それは、目の前にあることに対して全力を尽くすっていうこと、それのみだよ」

「目の前にあること……」

「そう。『天に豊作を祈り、手は田を耕す』。これが私の好きな言葉。君にもプレゼントしよう」

天に豊作を祈り、手は田を耕す――。目の前にあることを全力でやり、実がなる時期は天に任せる。

ということは、どれだけ今に集中できるかで、その時期は変わってくる、ということなのかもしれない。それは、ひょっとしたら明日来るなんてこともあり得るんじゃないだろうか？

僕はそのことを、師匠に聞いた。

「そのとおり、すべては君次第なんだよ。よし、じゃあ、ここで宿題を出そう」

日本一の大実業家に課された気が遠くなる宿題

きた。毎度、最後にやってくる次の講義までの宿題。今度はどんなものが来るんだろう？

どんなことがあったって、絶対にやり遂げる。僕はそう決めていたが、今回提示された宿題はかなり酷なものだった。

「この半年、私は君に生き方、考え方、働き方、いろんなものを伝えてきたよね？」

「はい。正直、消化不良なくらいにたくさんのことを教えていただきました」

「うん、それを消化するのが次の宿題だよ」

どういうことだろう？　次までに教わったことをまとめるということだろうか？

僕は師匠が言っている意味がわからなかった。

「ここからは実践だ。これまで私が君に伝えたことを君が完璧に実践すれば、最低でも売り上げが今の1・5倍になる。そして、利益率は倍近くにはなるはずだ。それを達成してから、次の講義に進もう」

1・5倍。ただでさえ、いっぱい、いっぱいなのに、それをもう50％アップ。正直、気が遠くなった。

「あの、それって、だいぶ時間がかかるかと」

「私の読みだったら、最速で1年だな」

「1年……、正直厳しいです。3年くらいかかるかもしれません」

「大丈夫だよ。私がここまで教えたことを実践できれば、必ずクリアできる数字だ。私はできないことを言わないから」

「……はい」

僕は心の中で売り上げを改ざんして、半年くらいで報告しよう。そう考えていた。

すると、それを見抜いたのか、師匠は付け加えた。

「あ、そのときは決算書を持っておいでな。そうすれば、数字がわかるから」

ガーン。さすが日本一の大実業家。僕程度の浅はかな考えなど、簡単にお見通しだ。逃げ場がなくなった僕は、だんだん心が暗くなってきた。

学んだことは結果を出してこそ初めて自分のものになる

「これをクリアした君に会うのが楽しみだ。早く次を教えたいから、1日でも早く売り上げ1・5倍をクリアしよう。そのときは、またいつもの居酒屋でお祝いをしような」

遠足を楽しみに待つ子供のような感じで、師匠は僕にそう言った。

「師匠、この宿題はさすがに厳しいです」

つい本音が言葉に出てしまった。

「あの、僕、遠ざけられているんですかね？　ひょっとして、こうやって学びに来させてもらうのって、迷惑ですか？」

「何言ってんだよ。早く達成すればいいだけだよ。君ならできる」

次に学べる機会が遠くになってしまったので、僕は半ばふてくされていた。そんな僕に、師匠はそれまでの表情から一転して真剣な顔になった。

「情けない顔するなよ。ひょっとして、私によしよししてほしいのかい？」

心の奥では甘やかしてほしかった。しかし、言葉にしてそう言われると、なおさら自分が情けなく、そしてカッコ悪く感じてきた。

「いえ、そんなことはないですけど」

「ちょっと厳しいことを言うけどいいかい？」

「はい。でも、今凹《へこ》んでるので、お手柔らかにお願いします」

「次に進むには、まだ機が熟してないんだよ。これ以上講義を進めても、君が頭でつかちになるだけだ。だから、実践の研修期間が必要なんだよ。すべては君次第だ。しっかり自分の田を耕しておいで。そうすれば、期間はグッと早くなるよ」

理屈はわかるが、感情が追いつかなかった。

人は、結果を出した人の言葉に耳を傾ける

「いいかい、ちゃんと聞きなよ。君はやがて伝える側の人間にまわりたいんだろ？ そう言ってたよな？」

「はい。まわりたいです」

「そうなるために大切なのは、『何を伝えるか』じゃなくて『誰が伝えるか』なんだよ。人が聞きたいのはね、単なる理屈じゃなくて、経験に裏打ちされた言葉。つ

まり、『こうしたらよくなる』じゃなくて『こうしたらよくなった』っていう結果なんだよ」

「だから、結果を出すことが宿題なんですね」

「そう。自分がやってきたことをベースに伝えなきゃ、人には伝わらないよ。人ってね、シビアなんだよ。『あなたが言っていることは立派ですが、それ、本当にあなたはできたんですか？』『あなたはこうすれば売り上げが上がるって言いますが、あなたはその方法で実際に売り上げを上げたんですか？』って、言葉にはしなくても、心の中で伝えている人の言葉の信頼性を測るよ」

「厳しいですね。でも、自分ごとに当てはめてみると、話を聞く側はそう思うかもしれません」

実際に僕がこうして師匠のもとに学びに来ているのは、他でもなく、師匠がゼロから身を起こし、納税というジャンルで日本一という結果を出した人だからだ。やっていない人の言葉だったら、僕は絶対に聞いていなかったはず。

この時間が心地よすぎて、甘く考えていた。

師匠が教えてくれたことを、ただそのまま人に伝えればなんとかなる。そう考えていた自分のあざとさが、師匠の言葉を聞けば聞くほど恥ずかしくなってきた。

師匠はこうまとめた。

「大切なことだから繰り返すよ。人が聞きたいのは、結果を出した人の言うことなんだよ。だから、結果を出すことから逃げちゃダメだ。そこをせずに、人にものを伝えようったって、そんなに世の中は甘くないよ。厳しい世の中だからこそ、私は君を本物にしたい。だから、この実践の結果が必要なんだよ」

重い言葉だった。しかし、その厳しさのベースにある温かさが十分に伝わってきた。

「カッコいい働き方」とは？

「スターになれよ。それは飲食でも出版でも何の分野でもいいから」

「え？　スターですか？」

「そう。今の世の中には、スターが必要なんだよ。人ってね、夢を持つその手前に必ず憧れがあるんだよ」

「憧れ……」

確かにそうかもしれない。幼い頃、僕が早く大人になりたかったのは、大人が楽しそうだったからだ。

プロ野球選手になりたいと夢を見るのも、テレビで活躍するスターがいるからだし、歌手を目指すのも輝いている歌手がいるからだ。

そのスターは、そんな派手な仕事ばかりじゃない。もちろん上司でも起業家でもいい。何の分野にせよ、目の前にそうした憧れの人がいれば、人はやがてそのポジションを自然と目指すようになる。

師匠が言っているのはそういうことであることは、すぐに理解できた。

はて、じゃあ、僕は何のスターを目指そう？

そんなことを考えている僕に、師匠は続けた。

「今の時代ってね、どうしても世の中が不景気だから、ネガティブな人ばかりが目立っちゃうんだよ。テレビでも大人は謝ってばかり。社長も上司も、先行きの不安で下を向いてる。そんな大人ばかりを見て、誰が未来に夢を持てる？」

「でも、まわりが暗いと、自分も暗くなっちゃいます」

「何言ってんだよ。逆だよ。まわりが暗いから、君が光になるんだ。まわりが愚痴っていても、自分は明るくいくんだよ。まわりが元気がないなら、自分が元気玉になってまわりにエネルギーを渡すんだ」

僕は黙って聞いた。

「どうせ働くんなら、弱音を吐かずに気持ちよく働く。それが一番カッコいい。その姿が若い人にとって『あの人の生き方って、イカしてるな』『自分もがんばってああなりたいな』っていう憧れになるんだ。私は君にそんな人間になってほしいんだよ。そう思ってるからこそ、私は君に私の持っているすべてを教えているんだ」

師匠の温かい言葉に熱いものがこみ上げてきた。同時に、それまでの弱気な考え方がスーッと心の中から消えていくのを感じていた。

人は何のためにがんばれるのか？

「例えばね、君の子どもが大きくなって、『お父さん、何のために働いてるの？』って聞かれたときに、『ん？　それはお金のためだよ』って言うかい？」

それは嫌だ。さすがにもうちょっと気の利いたことが言いたい。僕は思わず笑ってしまった。

「もちろん、お金は大事だよ。でも、自分の一番大切な存在にはもうちょっとカッコいいことを言いたいよな。そして『やっぱりうちのお父さんはカッコいいな』って思ってもらいたいだろ？」

「はい。子供の前ではカッコくらいつけたいです」

「そうだろ。よく『カッコつけるな』っていう人って多いけど、大切な人の前でくらい、カッコつけなくてどうする」

カッコよく生きる。シンプルな言葉だけどそこを目指したい。

「人ってね、最終的には自分のためだけじゃなくて、大切な人のためにがんばれるもんなんだよ」

「はい、なんか元気が湧いてきました」

「なぜ働くのか、その問いと一緒に、『自分は誰を幸せにしたくて働くのか』を考

えたらいい。その意味が君を強くする。『自分だけのためじゃなくて、仕事を通してまわりの大切な人を幸せにするんだ』、その気持ちが君を想像を超える遥か高みまで引き上げてくれるよ」


何のために、誰のために。僕は誰のために働くのか？

家族、スタッフ、お客さん、そして……。


「僕、こうして教えてくれる師匠の顔に泥を塗らないためにもがんばります」

「ありがとう。一日も早く次のことを教えたいから頼むな。次会えるのを楽しみに待ってるよ」

「今回もありがとうございました。必ず結果を出して会いに来ます」

「こっちこそ、いつも遠くからありがとうね。気をつけて帰れよ」


僕は深々と頭を下げ、師匠の事務所を出て電車に乗り、窓から見える東京の景色を眺めながら、その日録音した音声を聞いた。

空港に着き、飛行機に乗ると、一本のアナウンスが流れた。

それはその日、九州の観測木に一番目の桜が咲いたというお知らせだった。

その日からちょうど1年後、２００7年の桜が咲く頃。
僕はすべての課題をクリアし、師匠に報告に行った。

そして――。
２０１０年に初めての本を出してから10年後の２０２０年。
師匠の言ったとおり、僕は出版で日本一になった。

エピローグ――人生に意味を持つということ

僕たちの1日の中で、働く時間が一番長い。

その時間をただやり過ごすためだけに使うか、それとも充実したものにするために使うか。

この問いは、言い換えれば、人生の大半を無意味なものにするか、それとも意味のあるものにするか、ということとイコールとなる。

つまり「なぜ働くのか?」という問いは、突き詰めると「なぜ生きるのか?」という問いと置き換えることもできるのだ。

明確に未来への目標を持ち、ワクワクしながらそこに進んでいくことができれば、そんなに楽しいことはないかもしれない。

しかし今、たとえそうではなくても、目の前にある仕事に対しての意味を見つけ、身近な成功と自信を積み重ねていけば、必ずあなたの前にひと筋の道が開けてくる。

夢型、展開型、どっちでもいい。それを選ぶのはあなた自身だ。

いずれにせよ、意味を持ち一歩一歩前進していくうちに、その目標と目的はやがて必ずあなたの中でリンクし始めるときが来るのだから。

ユダヤ人のヴィクトール・フランクルという人が、第二次大戦のとき、ナチスのホロコーストという大量大虐殺、そしてアウシュヴィッツ収容所での自身の体験をもとに書いた『夜と霧』という世界的なロングセラーがある。

この本は、その悲惨さとともに、極限の生活の中で生まれる人の心の変化、そして在り方を客観的に書いてある。その本の一節を要約して伝えたい。

どんな状況になったとしても、人生には必ず意味がある。

未来で待っている人や何かがあり、そのために今すべきことが必ずある。

そこに唯一残された生きることを意味のあるものにする可能性。

それは今、自分ががんじがらめに制限されている中で、どのような覚悟をするかという、まさにその一点にかかっている。

自分が何のために生きるのか?

その意味を見失ったものが力つき、意味を守り続けたものだけに光がやってくる。


この本の中を貫く一本の軸、それこそが「なぜ」、つまり「生きる意味」だったと僕は解釈している。

同じく今回紹介した一連の講義の中で、師匠が言った今でも忘れられないもの。

それは、

「夢を失っても人は生きていける。しかし、意味を失ったとき、最悪、人は死ぬという選択をする」

という言葉だった。


平和な世の中に生まれた僕たちにとって、死というものに今すぐ現実感を持つのは難しい。

しかし、どんな時代にせよ、命という時の刻みの中で一番時間を使う「仕事」という営みに意味を持てないのは、極端に言えば、その時間を死んだ状態で過ごすようなものだ。


そんなもったいないことを今すぐやめるために。

もっともっと限りある時間を大切にするために。

もっともっと今を意味のあるものにするために。

あなたの人生が今、この瞬間から輝き始める鍵、
それは「なぜ」。
その問いの答えは、あなたの中にしかない。
17年前、師匠からもらった言葉を借りて、今度は僕があなたに聞きたい――。

君はなぜ働くのか？

あとがき
――やっとこのテーマが書けました

ここまで読んでくださったこと、いや、この「君なぜ講義」を共に受けてくださったあなたに心からの感謝を伝えたい。

執筆を終えた今の正直な感想。

それは「やっとこの教えが書けた」ということだ。

この本の内容は、これまで書いた本の中で伝え方のニュアンスが最も難しい本だった。正直、数年前の僕だったら、実績的にも精神的にも、書けなかったと思う。

それくらい深く繊細なテーマなのだ。

もちろん、今でも僕にその資格があるかどうかは謎ではあるが、今回執筆のオファーをいただけたことで「機が熟したのかな」と思い書かせてもらった。

巻末になったが、この教えの主である「師匠」のことをこの場で紹介したい。

前作『君は誰と生きるか』を読んでくださった方はおわかりだとは思うが、この本に登場する師匠、それは日本の納税王と呼ばれる斎藤一人さんのことである。

一人師匠ご自身がビジネス書の大ベストセラー作家なので、すでに本を読んでいる人や、書店でその名前を見かけたことがある人もいると思う。

本来は最初にそのことをお伝えするべきなのかもしれないが、その存在が大きすぎること、そしてまずは一人師匠の名前ではなく、教えそのものを一番にあなたに届けたいとの思いから、紹介が最後になったことをご理解いただきたい。

この講義で散りばめられた数々の言葉はシンプルではあるが、内容はとても深い。初めて読んでいただいた時点で、当時の僕のように理解できない部分やピンとこない部分もあるかもしれない。

しかし、もしここから先、あなたが働く意味を見失いそうになったり、夢が見つからずにくじけそうになったとき、再びこの本を開いてみてほしい。

そのとき「あれ、こんなこと書いてあったっけ」と思う部分と出会ったり、「あっ、この言葉の意味ってそういうことだったのか」と、あらためて一人師匠の言葉の意図への理解が深まることを約束する。

「やりたいことがわからない？　良かったじゃないか」

最初にこの言葉に出会ったとき、ひょっとすると世間一般で言われる「夢を持て」という理論に対する逆張りのように、あなたは感じたかもしれない。

しかし、そうではない。

このことを書いたのは、今、僕自身、この言葉こそが実は多くの人が気づいていない最高の成功法則だと、心から確信しているからだ。

あの日の講義から17年、僕は大企業のトップや有名な実業家、ベストセラー作家、講演家など、ビジネス業界での成功者と言われる人に数多く出会った。そうした人たちに、僕は必ず初めに質問することがある。

それは、

「今、あなたが手にしている結果や社会的ポジションは、最初から思い描いたとおりになっていますか？」

ということ。

この問いに対して即座に「イエス」という人もまれにいる。

しかし、ほとんどの場合、「いや、まったく考えてなかったね。目の前の仕事をやっていたら、気がついたらここにいたんだよ」とか、「出会った人の誘いでなんとなくこの道に進んだら、うまくいったんだよ」と答えるケースの方が圧倒的に多い。ということは、この人生の歩き方の中に大きな真理と成功のルールが隠されていると言える。

そして、その度に再確認させられる。

「師匠が本当の意味で伝えたかったのは、『夢に囚われすぎて、自らの可能性を狭めるな』ということなのだ」と。

誰と出会うかで、人生は大きく変わる。

もちろん、その出会いとはいいものばかりではない。ひょっとすると、その出会いでマイナス方向に進んでしまうこともある。

しかし、もしいい方向に導いてくれる人と出会うことができれば、かつての僕のように、今の想像をはるかに超える素敵な未来を手にすることだってできる。

そう考えたとき、人生というものは一本道ではなく、あみだくじのように、いろんな人間交差点で成り立っているように思える。

その中でも人生の師だったり、憧れの先輩という存在は、僕たちの人生を決定づける大きな存在であることはもうおわかりだと思う。

こうした人たちとのご縁の連鎖から生まれた今回の企画において、かつての師匠の講義音声を引っ張り出し、師匠との音声を聞き直しながら、僕はたくさんの幸福感に包まれた執筆期間となった。

ここからこの本を片手に、あなたが傍観者ではなく、冒険者としての新しい道を踏み出してもらえたら、著者としてこんなにうれしいことはない。

師匠に「本で生きる」という新しい道を照らされ、執筆家としての歩みを始めてから13年が経った。

出版の世界でも、僕はたくさんのすばらしい方々と出会い、その人たちに支えられ、今回こうして33冊目の本を書き下ろすことができた。

この場をお借りして、この本の誕生でお世話になった方々に感謝を伝えたい。

まずは僕を想像を超える世界に連れて行ってくださった斎藤一人師匠、そして一人師匠の横で、温かく見守り続けてくださった柴村恵美子社長。

この企画をくださり、世に送り出してくださったフォレスト出版の太田宏社長、最後まで丁寧に付き合ってくださった森上功太編集長、足を使って本を届けてくださる営業部の皆様。

執筆を身近で支えてくれる妻の永松寿美、永松茂久出版チームの池田美智子さん、山野礁太くん。

そして（株）人財育成JAPANワンワン出版部の「とら」「さくら」「ひな」

「ももこ」「まる」。

最後に、この本を手に取ってくださったあなたに一番の感謝を。

今回の本も原稿を書き過ぎてしまい、ページ数の都合で泣く泣くカットしてしまった部分がある。

「せっかくなので、読者さんに読んでもらいましょう」

というフォレスト出版さんのご好意で、その原稿を無料プレゼントさせていただけるようになったので、もしご興味ある方はぜひ最後のページのQRコードから読んでいただけるとうれしい。

なおこの講義は、前作『君は誰と生きるか』の続きとなる。

僕はこれを略して「君だれ講義」「君なぜ講義」と呼んでいるが、この2作はその題名もさることながら、内容という点で本当の兄弟本となる。

前作もセットで読んでいただくことで、本書の内容がさらに深くあなたのものになり、そして、あなた自身の未来がさらに輝いたものになることを約束する。

「君は誰と生きるか」、そして「君はなぜ働くのか」。

いつかリアルで出会うことができたとき、あなたが導き出したこの二つの問いに対する答えを教えてもらえることが、今の僕の一番の楽しみだ。

あなたのここからの人生がさらに豊かになりますように。

紅葉の軽井沢にて、未来をおそれることなく、ただ無邪気に今を楽しみながらドッグランを走り回る犬たちを眺めながら。

感謝。

2023年11月吉日

永松茂久

紙幅の都合上、載せきれなかった
原稿「一問一答」の続きはこちらから。

【著者プロフィール】

永松茂久（ながまつ・しげひさ）

株式会社人財育成JAPAN代表取締役。

大分県中津市生まれ。2001年、わずか3坪のたこ焼きの行商から商売を始め、2003年に開店したダイニング陽なた家は、口コミだけで毎年4万人（うち県外1万人）を集める大繁盛店になる。自身の経験をもとに体系化した「一流の人材を集めるのではなく、今いる人間を一流にする」というコンセプトのユニークな育成法には定評があり、全国で多くの講演、セミナーを実施。「人の在り方」を伝えるニューリーダーとして、多くの若者から圧倒的な支持を得ており、講演の累計動員数は延べ70万人にのぼる。2016年より、拠点を東京麻布に移し、現在は自身の執筆だけではなく、次世代の著者育成、出版コンサルティング、経営コンサルティング、出版支援オフィス、講演、セミナーなど、数々の事業を展開する実業家である。著作業では2021年、『人は話し方が9割』（すばる舎）がすべての書籍を含む日本年間ランキングで総合1位（日販調べ）、2022年にはビジネス書部門で史上初の3年連続1位（日販調べ）に輝き、133万部を突破。著書に、『人は聞き方が9割』『喜ばれる人になりなさい 母が残してくれた、たった1つの大切なこと』（以上、すばる舎）、『君は誰と生きるか』（フォレスト出版）、『在り方　自分の軸を持って生きるということ』（サンマーク出版）、『40代をあきらめて生きるな』『30代を無駄に生きるな』『20代を無難に生きるな』（以上、きずな出版）、『感動の条件』（KKロングセラーズ）など多数あり、書籍累計発行部数は400万部を突破している。

君はなぜ働くのか

2023年12月19日　　初版発行

著　者　永松茂久
発行者　太田　宏
発行所　フォレスト出版株式会社
〒162-0824 東京都新宿区揚場町2-18　白宝ビル7F
電話　03-5229-5750（営業）
03-5229-5757（編集）
URL　http://www.forestpub.co.jp

印刷・製本　日経印刷株式会社

ISBN978-4-86680-251-0 Printed in Japan
乱丁・落丁本はお取り替えいたします。

君はなぜ働くのか

読者の方に無料
特別プレゼント

**本書で掲載できなかった
原稿「一問一答」の続き**

（PDF ファイル）

著者・永松茂久さんより

本書の第 3 章でお伝えした「一問一答」のうち、紙幅の都合上、掲載できなかった原稿を、本書読者限定の無料プレゼントとしてご用意しました。この貴重な未公開原稿をぜひダウンロードして、本書と併せてご活用ください。

特別プレゼントはこちらから無料ダウンロードできます↓

https://frstp.jp/kiminaze

※特別プレゼントは Web 上で公開するものであり、小冊子・DVD などをお送りするものではありません。

※上記無料プレゼントのご提供は予告なく終了となる場合がございます。あらかじめご了承ください。